JN093819

EIKEN
Grade Pre-2

the japan times 出版

はじめに

本書は『出る順で最短合格！ 英検®準2級単熟語EX』の改訂版です。旧版同様、過去問データ（直近15年、約23万語）を徹底分析して作られています。

準2級の受験者が語彙力を強化すべき理由は2つあります。

1つは、語彙力がリーディング、リスニング、ライティング、スピーキングすべての土台となるからです。単語や熟語を知らなければ、英語を読むことも、聞くことも、書くことも、話すこともできません。これは英検®受験者だけでなく、英語を学習するすべての人に共通する課題です。

そしてもう1つは、筆記大問1で高得点を取るためです。試験の最初に課される筆記大問1の語彙問題は、リーディング問題の中で大きな割合を占めるばかりでなく、選択肢の意味さえ知っていれば正解することのできる、学習が結果に結びつきやすい問題形式だからです。筆記大問1の選択肢に並ぶ語句は、高校生であれば必ず覚えておくべき重要語句ばかりで、ここに登場する語句を頭に入れておくことは、準2級の合格にも必要不可欠です。

このような重要語句をしっかりと身につけていただくため、本改訂版では初版に収録されていたweak, happen, wet, quiet, carefulといった中学レベルの語句の収録を見送る一方、unlock, admire, refuse, suggestion, representといった、筆記大問1の選択肢に登場したやや難易度の高い語句を積極的に採用しています。そして即戦力を高めるため、筆記大問1の選択肢として登場した頻度を掲載順の主な基準としました。

これらの語句の多くは長文読解問題やリスニング問題にも登場するため、マスターしておけば準2級全体の対策になります。さらに、Unit10～12では、筆記大問1の選択肢になっていない頻出語も取り上げていますので、筆記大問1以外の問題にも完全に対応することができます。

今回の改訂では、初版収録語の訳語や例文も大幅に見直しました。また、準2級では筆記大問1を含め、熟語が多数出題されるため、Part 2では420の熟語を取り上げました。またPart 3では筆記大問1や大問2、リスニング第1部、第2部などで出題される会話表現も取り上げています。さらにPart 1のページ下に「ミニコラム」欄を新設し、見出し語として取り上げられなかった親族名称、家具・家電や服飾関連などの用語、活用や発音、使い方に注意を要する語、筆記大問1で出題される文法事項など、幅広い内容を取り上げました。また章末のTipsでは、『最短合格！英検® 準2級ライティング完全制覇』でもご紹介した、英作文にそのまま使える英文パターンをご紹介しています。

見出し語句数は1,450、類義語、反意語、派生語などの関連語句を含めた総収録語句数は約2,360です。無料ダウンロード音声には、見出し語句と訳語、例文（英語）が収録されているので、音とセットで覚え、リスニング対策にも活用してください。

皆さんが本書を使って準2級合格に必要な語彙力を身につけ、合格の栄冠を手にされることを心からお祈りしています。

編者

目次

本書の構成

本書は、皆さんが英検® 準 2 級の合格に必要な語彙力をつけることができるよう、過去 15 年分の過去問題を徹底的に分析して作られています。すべての情報を効果的に活用するために、構成を確認しましょう。

1 Part と Unit

全体を 3 つの Part に分け、さらに 19 の Unit に分割しています。Part 1（Unit 01 ～ 12）に単語、Part 2（Unit 13 ～ 18）に熟語、Part 3（Unit 19）に会話表現を収録しています。

2 見出し項目

過去問データの分析に基づき、準 2 級合格に必要な約 1,450 語句を紹介しています。特に Part 1 と 2 の掲載順は筆記大問 1 における出題頻度を主な基準としています。

3 発音記号

米音を採用しています。

4 注記

語法や活用、関連語句、注意すべき複数形など、幅広い情報を紹介しています。

5 ミニコラム

見出し語として取り上げていないさまざまな分野の用語、筆記大問 1 で出題される文法事項などを取り上げています。

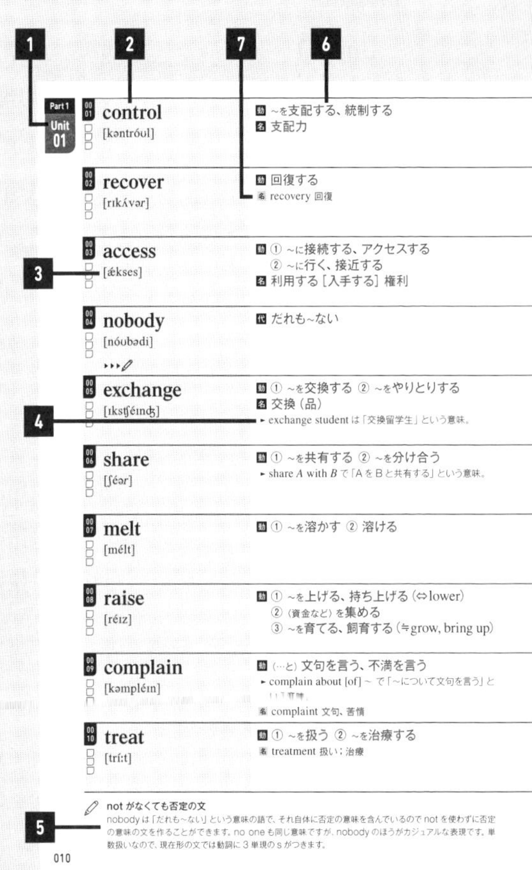

Part 1 Unit 01

0001 **control** [kəntróʊl]
動 ～を支配する、統制する
名 支配力

0002 **recover** [rɪkʌ́vər]
動 回復する
名 recovery 回復

0003 **access** [ǽkses]
動 ① ～に接続する、アクセスする ② ～に行く、接近する
名 利用する［入手する］権利

0004 **nobody** [nóʊbədi]
代 だれも～ない

0005 **exchange** [ɪkstʃéɪndʒ]
動 ① ～を交換する ② ～をやりとりする
名 交換（品）
► exchange student は「交換留学生」という意味。

0006 **share** [ʃéər]
動 ① ～を共有する ② ～を分け合う
► share *A* with *B* で「A を B と共有する」という意味。

0007 **melt** [mélt]
動 ① ～を溶かす ② 溶ける

0008 **raise** [réɪz]
動 ① ～を上げる、持ち上げる（⇔lower）② 〈資金など〉を集める ③ ～を育てる、飼育する（≒grow, bring up）

0009 **complain** [kəmpléɪn]
動 （…と）文句を言う、不満を言う
► complain about [of] ～ で「～について文句を言う」という意味。
名 complaint 文句、苦情

0010 **treat** [trí:t]
動 ① ～を扱う ② ～を治療する
名 treatment 扱い；治療

not がなくても否定の文
nobody は「だれも～ない」という意味の語で、それ自体に否定の意味を含んでいるので not を使わずに否定の意味の文を作ることができます。no one も同じ意味ですが、nobody のほうがカジュアルな表現です。単数扱いなので、現在形の文では動詞に 3 単現の s がつきます。

010

アイコンの見方

〈 〉… 他動詞の目的語、自動詞・形容詞の主語にあたる訳語であることを表します。
( ) … 訳語の補足説明／省略可能であることを表します。
[ ] … 訳語の注記／言い換え可能であることを表します。
名 … この色のアイコンは見出し項目の品詞を表します。
動 … この色のアイコンは派生語の品詞を表します。
≒ … 類義語を表します。 ⇔ … 反意語を表します。
▸▸▸✎ … その見出し語に関するミニコラムがページ下にあることを表します。

8 9

The young teacher **controls** his class well.	その若い教師はクラスを上手に管理している。	Track 001
My father **recovered** from his illness in less than a year.	父は1年足らずで病気から回復した。	
Can I **access** the Internet at your hotel?	そちらのホテルではインターネットにアクセスすることはできますか。	
I called the office, but **nobody** answered.	事務所に電話したが、だれも出なかった。	
I'd like to **exchange** my yen for dollars.	円をドルに両替したいのですが。	
I **share** a room **with** my brother.	私は弟と部屋を共同で使っている。	
She **melted** the butter in the oven.	彼女はオーブンでバターを溶かした。	
Please **raise** your hand when you want to ask a question.	質問したいときは手を挙げてください。	
My father often **complains about** his job.	父はよく仕事のことで文句を言っている。	
She **treats** everyone in the community very kindly.	彼女は地域のだれに対してもとても親切に対応する。	00 ▸ 10

Nobody wants to go to war.（戦争に行きたい人なんていない）
No one wants to go to war.（戦争に行きたい人なんていない）

011

6 訳語

訳語は、過去問の分析で「よく出る」と判断されたものを取り上げています。また必要に応じ、類義語・反意語の情報も載せました。訳語は赤フィルターで隠すことができます。

7 派生語情報

見出し語と派生関係にある単語を取り上げています。

8 例文

すべての項目にシンプルで覚えやすい例文がついています。例文ごと覚えれば、語句の使い方も身につきます。

9 音声トラック番号

すべての見出し項目の語句とその日本語訳、全例文（Part 3の会話表現は例文のみ）を収録しています。音で聞き、自分でも発音することで、記憶はよりしっかりと定着し、リスニング力アップにもつながります。音声の再生方法はp. 008を参照してください。

章末 Tips

準2級のライティング問題に使えるおすすめのセンテンスパターンを紹介しています。紹介している例文はスピーキングにも役立ちます。

音声のご利用案内

本書の音声は、スマートフォン（アプリ）やパソコンを通じてMP3形式でダウンロードし、ご利用いただくことができます。

スマートフォン

1. ジャパンタイムズ出版の音声アプリ「OTO Navi」をインストール
2. OTO Naviで本書を検索
3. OTO Naviで音声をダウンロードし、再生

3秒早送り・早戻し、繰り返し再生などの便利機能つき。学習にお役立てください。

パソコン

1. ブラウザからジャパンタイムズ出版のサイト「BOOK CLUB」にアクセス

https://bookclub.japantimes.co.jp/book/b636677.html

2. 「ダウンロード」ボタンをクリック
3. 音声をダウンロードし、iTunesなどに取り込んで再生
   ※ 音声はzipファイルを展開（解凍）してご利用ください。

Part 1

単語

単語は、以下の優先順位を基に配列されています。

①筆記大問 1 で正解になった語の頻度
②筆記大問 1 で誤答になった語の頻度
③筆記大問 1 の選択肢以外（主に長文読解問題やリスニング問題）で出題された語の頻度

筆記大問 1 の選択肢として出題された語が長文などで登場するケースも、数多くあります。

試験まで時間がなく、短時間で筆記大問 1 の対策をしたい場合は、Unit 01 から学習してください。時間があり、Unit 01 から始めて難しく感じた場合は、Unit 10 ～ 12 を先に学習し、そのあと Unit 01 から続けるとよいでしょう。

0001 **control** [kəntróʊl]
動 ～を支配する、統制する
名 支配力

0002 **recover** [rɪkʌ́vər]
動 回復する
名 recovery 回復

0003 **access** [ǽkses]
動 ① ～に接続する、アクセスする
② ～に行く、接近する
名 利用する［入手する］権利

0004 **nobody** [nóʊbədi]
代 だれも～ない

0005 **exchange** [ɪkstʃéɪndʒ]
動 ① ～を交換する ② ～をやりとりする
名 交換（品）
► exchange student は「交換留学生」という意味。

0006 **share** [ʃéər]
動 ① ～を共有する ② ～を分け合う
► share *A* with *B* で「A を B と共有する」という意味。

0007 **melt** [mélt]
動 ① ～を溶かす ② 溶ける

0008 **raise** [réɪz]
動 ① ～を上げる、持ち上げる（⇔lower）
② 〈資金など〉を集める
③ ～を育てる、飼育する（≒grow, bring up）

0009 **complain** [kəmpléɪn]
動 （…と）文句を言う、不満を言う
► complain about [of] ～ で「～について文句を言う」という意味。
名 complaint 文句、苦情

0010 **treat** [tríːt]
動 ① ～を扱う ② ～を治療する
名 treatment 扱い；治療

not がなくても否定の文
nobody は「だれも～ない」という意味の語で、それ自体に否定の意味を含んでいるので not を使わずに否定の意味の文を作ることができます。no one も同じ意味ですが、nobody のほうがカジュアルな表現です。単数扱いなので、現在形の文では動詞に 3 単現の s がつきます。

Track 001

The young teacher **controls** his class well.	その若い教師はクラスを上手に管理している。
My father **recovered** from his illness in less than a year.	父は1年足らずで病気から回復した。
Can I **access** the Internet at your hotel?	そちらのホテルではインターネットにアクセスすることはできますか。
I called the office, but **nobody** answered.	事務所に電話したが、だれも出なかった。
I'd like to **exchange** my yen for dollars.	円をドルに両替したいのですが。
I **share** a room **with** my brother.	私は弟と部屋を共同で使っている。
She **melted** the butter in the oven.	彼女はオーブンでバターを溶かした。
Please **raise** your hand when you want to ask a question.	質問したいときは手を挙げてください。
My father often **complains about** his job.	父はよく仕事のことで文句を言っている。
She **treats** everyone in the community very kindly.	彼女は地域のだれに対してもとても親切に対応する。

00▶10

Nobody wants to go to war.（戦争に行きたい人なんていない）
No one wants to go to war.（戦争に行きたい人なんていない）

Part 1
Unit 01

0011 **silence**
[sáɪləns]
名 静寂、沈黙
形 silent 沈黙した
副 silently 静かに、黙って

0012 **graduate**
[grǽʤuèɪt]
動 卒業する
► graduate from ～ で「～を卒業する」という意味。
名 graduation 卒業

0013 **include**
[ɪnklúːd]
動 ① ～を含める、入れる ② ～を含んでいる
前 including ～を含めて

0014 **traffic**
[trǽfɪk]
名 交通、交通量；[形容詞的に] 交通の
► 数えられない名詞。交通量の多い [少ない] は heavy [light] で表す。

0015 **decorate**
[dékərèɪt]
動 ～を飾る
名 decoration 飾り、装飾

0016 **author**
[ɔ́ːθər]
名 著者

0017 **furniture**
[fə́ːrnɪtʃər]
名 家具、家具類
► 数えられない名詞。

0018 **warn**
[wɔ́ːrn]
動 ～に警告する、注意する
名 warning 警告

0019 **whoever**
[hu(ː)évər]
代 ～する人はだれでも

0020 **pour**
[pɔ́ːr] ▲ 発音注意。
動 ～を注ぐ、つぐ

先行詞を含む関係代名詞 (1)
whoever は what と同じように先行詞を含む関係代名詞。上の例文は Anyone who solves all the puzzles correctly will win the prize. と言ってもほとんど同じ意味になります。〈人〉を表し、先行詞がなく、後ろに動詞がくる、ということを頭に入れておきましょう。

Track 002

There was **silence** for a moment.	しばらく**沈黙**があった。
Heather **graduated from** high school this year.	ヘザーは今年、高校を**卒業した**。
The hotel price **includes** breakfast.	そのホテル代には朝食が**含まれている**。
The **traffic** on the highway is heavy on weekends.	その幹線道路は週末の**交通量**が多い。
She **decorated** her room with flowers.	彼女は部屋を花で**飾った**。
He met his favorite **author** at an event recently.	彼は最近イベントで大好きな**作家**に会った。
We bought some pieces of **furniture** at the department store.	私たちはデパートで何点かの**家具**を買った。
He **warned** me not to walk alone around there at night.	彼は私にその辺りを夜一人で歩かないようにと**注意した**。
Whoever solves all the puzzles correctly will win the prize.	すべてのパズルに正解した**人には**賞が与えられます。
She **poured** a cup of coffee and put some sugar in it.	彼女はカップにコーヒーを**注いで**砂糖を入れた。

00
20

[**Whoever** solves all the puzzles correctly] will win the prize.
ここが主語　（すべてのパズルに正解した人には賞が与えられます）

She'll talk to [**whoever** listens to her].（彼女は自分の話を聞いてくれる人ならだれとでも話すだろう）
ここが to の目的語

0021 **luckily** [lʌ́kəli]

副 運よく
名 luck 運
形 lucky 幸運な

0022 **disease** [dɪzíːz] ▲ 発音注意。

名 病気（≒illness）

0023 **cash** [kǽʃ]

名 現金

0024 **heavily** [hévəli]

副 激しく
► heavy（重い）の副詞形だが、準2級では「（雨・雪などが）激しく」の意味で出題されている。
形 heavy 重い

0025 **imagine** [ɪmǽʤɪn]

動 ～を想像する
► image（イメージ）も同じ語源の単語。
名 imagination 想像力

0026 **choice** [ʧɔ́ɪs]

名 ① 選択肢 ② 選択の権利、自由
動 choose ～を選ぶ

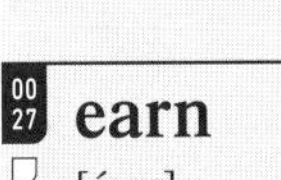

0027 **earn** [ə́ːrn]

動 〈金〉を稼ぐ

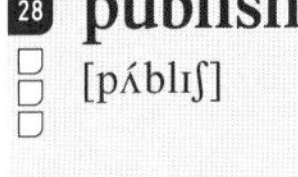

0028 **publish** [pʌ́blɪʃ]

動 ～を出版する
名 publishing 出版

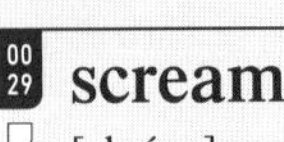

0029 **scream** [skríːm]

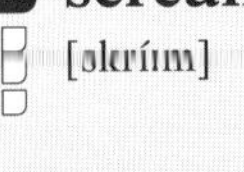

動 叫び声を出す、悲鳴を上げる

0030 **sink** [síŋk]

動 沈む
名 流し台、シンク
► sink-sank-sunk と活用する。

不規則活用はきちんと覚える（1）

動詞の sink（沈む）は語注に書いたように sink-sank-sunk と不規則活用する動詞です。不規則活用する動詞は、活用形まできちんと覚えていないと、英文中に出てきたときに知らない単語かと思ってあせる原因にもなるので、きちんと覚えておくことが大切です。ここでは準2級で出題されているいくつかの不規則活用動詞を見ておきましょう。

Track 003

The train was delayed, but **luckily** Sara was not late for work.	電車が遅れたが、サラは幸い仕事に遅刻しなかった。
Frank is an expert in **diseases** of the lungs.	フランクは肺の病気の専門家だ。
The boy did not have enough **cash** to buy an ice cream.	その男の子にはアイスクリームを買う十分なお金がなかった。
Suddenly, it began to rain **heavily**.	急に、雨が激しく降り出した。
Can you **imagine** life without the Internet?	インターネットのない生活を想像できますか。
You have a **choice** of five colors.	5色の中からお選びいただけます。
She **earns** enough money to support her family.	彼女は家族を養えるだけのお金を稼いでいる。
His first novel was **published** in 2020.	彼の最初の小説は2020年に出版された。
She **screamed** loudly when she saw the snake.	彼女はヘビを見ると、大声で悲鳴を上げた。
The toy boat **sank** into the pond.	そのおもちゃの船は池に沈んだ。

00:30

□ freeze（凍る）→ freeze-froze-frozen　□ send（～を送る、届ける）→ send-sent-sent
□ shut（～を閉める）→ shut-shut-shut　□ catch（～を捕まえる）→ catch-caught-caught
□ leap（跳ぶ）→ leap-leaped/leapt-leaped/leapt

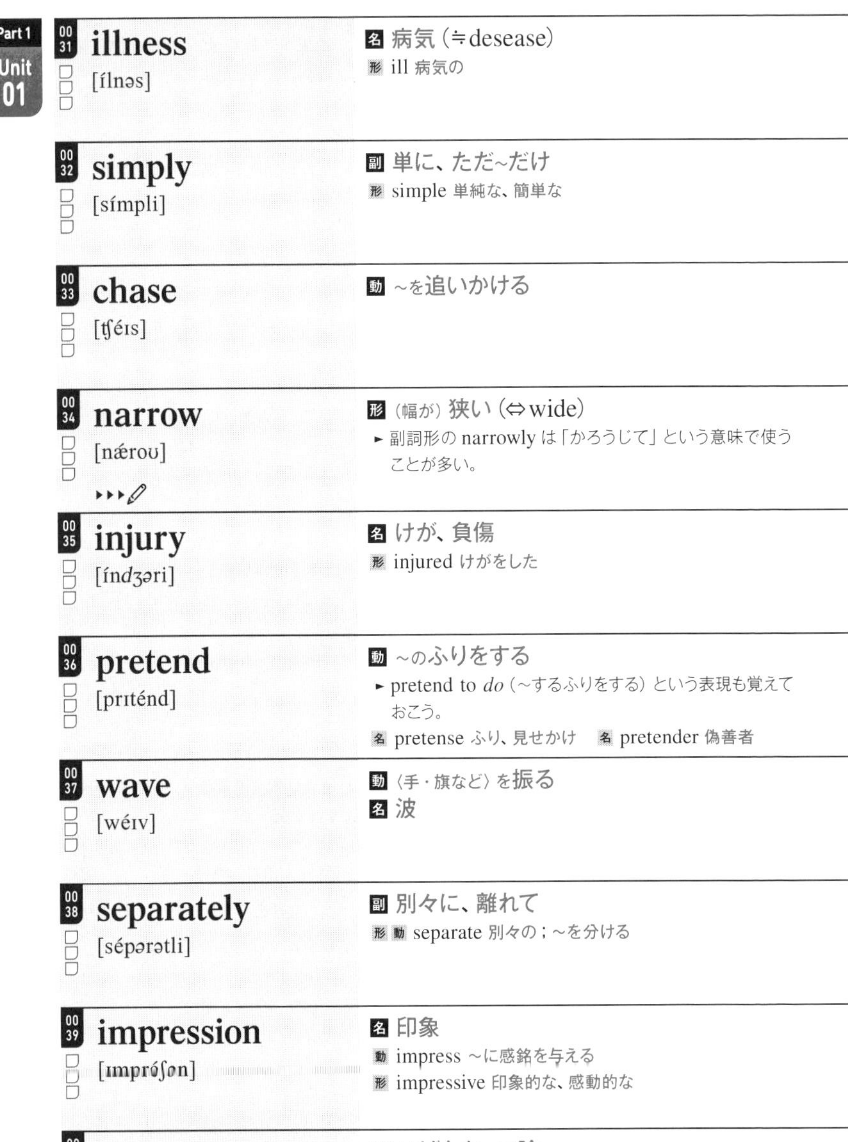

0031 **illness** [ílnəs]
名 病気（≒desease）
形 ill 病気の

0032 **simply** [símpli]
副 単に、ただ~だけ
形 simple 単純な、簡単な

0033 **chase** [tʃéɪs]
動 ～を追いかける

0034 **narrow** [nǽroʊ]
形（幅が）狭い（⇔wide）
► 副詞形の narrowly は「かろうじて」という意味で使うことが多い。

0035 **injury** [índʒəri]
名 けが、負傷
形 injured けがをした

0036 **pretend** [prɪténd]
動 ～のふりをする
► pretend to *do*（～するふりをする）という表現も覚えておこう。
名 pretense ふり、見せかけ　名 pretender 偽善者

0037 **wave** [wéɪv]
動〈手・旗など〉を振る
名 波

0038 **separately** [sépərətli]
副 別々に、離れて
形 動 separate 別々の；～を分ける

0039 **impression** [ɪmpréʃən]
名 印象
動 impress ～に感銘を与える
形 impressive 印象的な、感動的な

0040 **argument** [ɑ́ːrgjəmənt]
名 口げんか、口論
動 argue …だと主張する

「部屋が狭い」は narrow とは言わない
narrow＝「狭い」と覚えていると、「私の部屋は狭い」を My room is narrow. と言ってしまいそうになりますが、narrow は「（幅が）狭い」という意味なので、この文では細長い部屋の意味になってしまいます。ふつうMy room is small. と言います。ここでは準2級で出題されている、形状を表す語をまとめておきましょう。

Track 004

Victoria is in the hospital because she has a serious **illness**.	ヴィクトリアは重い**病気**で入院している。
This is **simply** one example of our services.	これはわが社のサービスの**ほんの**一例です。
George was **chased** by a dog in the street.	ジョージは通りで犬に**追いかけ**られた。
This road is too **narrow** for big trucks.	この道路は大きなトラックには**狭**すぎる。
She could not attend the marathon because of her **injury**.	彼女は**けが**のためにマラソンに出場できなかった。
He **pretended** that he was asleep.	彼は眠っている**ふりをした**。
The baseball fans **waved** their towels in the air.	野球ファンたちはタオルを**振り**回した。
They had to live **separately** during the war.	戦時中、彼らは**別々に**生活しなければならなかった。
The girl made a good **impression** on us.	その少女は私たちによい**印象**を与えた。
They had a big **argument** over a small thing yesterday.	彼らは昨日、ささいなことで大**げんか**をした。

00
40

□ flat [flǽt]（平らな、平坦な）　□ round [ráʊnd]（丸い、円形の）　□ sharp [ʃáːrp]（鋭い）
□ thick [θík]（厚い）　□ smooth [smúːð]（(表面が) 滑らかな）

0041 **quit** [kwít]
動 ①（〈仕事・学校など〉を）辞める
②（〈活動など〉を）やめる、中止する
▸ quit-quit-quit と活用する。

0042 **whenever** [*h*wenévər]
接 …するときはいつでも

0043 **closet** [klάːzət]
名 クローゼット

0044 **secret** [síːkrət]
名 秘密
形 秘密の
副 secretly こっそり

0045 **correctly** [kəréktli]
副 正しく、正確に
形 動 correct 正しい；～を訂正する
名 correction 訂正

0046 **memorize** [méməràɪz]
動 ～を暗記する
名 memory 記憶力
名 memorization 暗記

0047 **recognize** [rékəgnàɪz]
動 ～が（だれか［何か］）わかる
名 recognition 認識

0048 **chew** [tʃúː]
動 ～をかむ
▸ chewing gum（チューインガム）の chew。

0049 **additional** [ədíʃənl]
形 追加の
動 add ～を加える、足す
名 addition 追加
副 additionally さらに、そのうえ

0050 **angrily** [ǽŋgrəli]
副 怒って
形 angry 怒った
名 anger 怒り

部屋や家具
closet（クローゼット）は衣類や食器などを収納するための、天井から床まである小部屋やスペースのことです。ここでは準２級で登場する住宅に関する単語をまとめて見ておきましょう。

Track 005

He had to **quit** his job because of health reasons.

彼は健康上の理由で仕事を辞めなければならなかった。

By using online stores, we can buy things **whenever** we want.

オンラインストアを使えば、欲しいときにはいつでもものを買うことができる。

Bart hid his wife's Christmas present in the **closet**.

バートは妻へのクリスマスプレゼントをクローゼットに隠した。

Don't tell anybody. This is a **secret**.

だれにも言わないでね。これは秘密だよ。

Applications that are not filled out **correctly** will be ignored.

正しく記入されていない応募書類は検討対象になりません。

I tried to **memorize** the whole poem.

私はその詩をすべて暗記しようとした。

It took Emma some time to **recognize** her old classmate.

エマは、昔のクラスメートだと気づくのにしばらくかかった。

The steak was tough and difficult to **chew**.

そのステーキは硬くて、かむのが大変だった。

For **additional** information, please visit our website.

追加情報が必要な場合は、弊社のウェブサイトをご覧ください。

00 ▸ 50

He kicked the door **angrily**.

彼は怒ってドアをけった。

□ cabinet [kǽbənət]（戸棚、陳列棚）　□ wallpaper [wɔ́ːlpèɪpər]（壁紙）
□ backyard [bǽkjáːrd]（裏庭）　□ garage [gəráːʒ]（ガレージ、車庫）
□ carpet [káːrpət]（カーペット、じゅうたん）

0051 **accomplish** [əkɑ́ːmplɪʃ]

動 ～を成し遂げる、達成する（≒achieve, reach）

名 accomplishment 達成

0052 **angle** [ǽŋgl]

名 角、角度

0053 **profit** [prɑ́ːfət]

名 利益（⇔loss）

動 利益を得る

► make a profit で「利益を上げる」という意味。

形 profitable 利益になる、もうかる

0054 **another** [ənʌ́ðər]

形 もう一つの、もう一人の ② 別の

► an（一つの）+ other（ほかの）からできた語で、後ろには単数形の名詞がくる。

0055 **bend** [bénd]

動 ～を曲げる

► bend-bent-bent と活用する。

0056 **nationality** [næʃənǽləti]

名 国籍

名 nation 国、国民

形 national 国家の

0057 **produce** [prəd(j)úːs]

動 ～を生産する、製造する

名 production 生産

名 product 製品

0058 **trade** [tréɪd]

動 ～を交換する、取引する

名 ① 取引 ② 貿易

0059 **climate** [kláɪmət]

名 気候

► 特定の日の「天気、天候」は weather。

0060 **divide** [dɪváɪd]

動 ～を分ける（≒split）（⇔unite）

► divide *A* into *B* で「A を B に分ける」という意味。

名 division 分割

other を使う表現の使い分け

another = a(n) + other ですが、ここでは other を使ったいくつかの表現の使い分けを確認しておきましょう。the があると「全体の範囲が決まる」点がポイントです。

One ～, the other ...（2 つのうちの 1 つは～、もう 1 つは…）　One ～, the others ...（3 つ以上のものの 1 つは～、残りは…）　Some ～, others ...（～するものもあれば、…するものもある）

Track 006

The sales team has **accomplished** a lot this year.	営業チームは今年、多くの**実績を上げた**。
The photographer took pictures of the house from many **angles**.	カメラマンはその家を多くの**角度**から撮影した。
The company **made a** huge **profit** on their new makeup line.	その会社は新しい化粧品ブランドで莫大な**利益を上げた**。
Do you want **another** slice of pizza?	ピザを**もう一**切れ食べる?
Does it hurt when you **bend** your knee?	ひざを**曲げる**と痛いですか。
I work with people of many **nationalities**.	私は多くの**国籍**の人々と仕事をしている。
Jack's farm **produces** the most corn in the area.	ジャックの農場は地域で最も多くのトウモロコシを**生産している**。
The boy sometimes **trades** games with his friends.	その男の子は時々、友だちとゲームを**交換している**。
These flowers only grow in dry **climates**.	これらの花は乾燥した**気候**でしか育たない。
The students were **divided into** groups of four.	生徒たちは４人ずつのグループに**分けられた**。

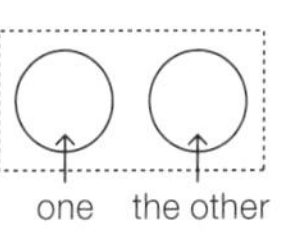

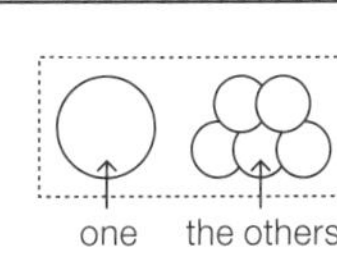

some　others

00 ▸ 60

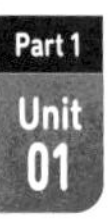

0061 **solve** [sɑ́:lv]
動 ～を解く、解決する
名 solution 解決

0062 **announce** [ənáʊns]
動 ～を発表する、公表する
名 announcement 発表

0063 **explore** [ɪksplɔ́:r]
動 ～を探検する、探索する
名 exploration 探検

0064 **locate** [lóʊkeɪt]
動 〈建物など〉を置く、設置する
► be located で「位置する、ある」という意味。
名 location 場所、位置

0065 **order** [ɔ́:rdər]
動 ① (～を) 注文する ② (～を) 命じる
名 ① 注文 ② 命令

0066 **notice** [nóʊtəs]
動 ～に気がつく (≒realize)
名 通知

0067 **perform** [pərfɔ́:rm]
動 ① (～を) 演じる、演奏する
② 〈仕事など〉を行う
名 performance 演技、演奏；成績

0068 **hide** [háɪd]
動 ① ～を隠す ② 隠れる
► hide-hid-hidden と活用する。

0069 **rescue** [réskju:]
動 ～を救助する、救出する
名 救助、救出
►「レスキュー隊」は「救助隊」のこと。

0070 **knowledge** [nɑ́:lɪdʒ] ▲ 発音注意。
名 知識
動 know ～を知っている

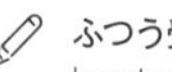

ふつう受動態で使う動詞

locate は「〈建物など〉を置く、設置する」という意味の動詞ですが、よく be located (位置する、ある) という受動態の形で使います。日本人にはわかりづらいですが、英語では、建物は「位置づけられる」→「位置する」ものなのです。同じように、ふつう受動態で使う動詞をいくつか見ておきましょう。

Track
007

It took him 30 minutes to **solve** the math problem.	彼はその数学の問題を解くのに30分かかった。
The company **announced** that it would build a new factory in China.	その会社は中国に新しい工場を建設すると**発表した**。
As soon as they arrived, they **explored** the city.	到着するとすぐに、彼らはその街を**散策した**。
The police station **is located** across from the hospital.	警察署は病院の向かいに**ある**。
He **ordered** ice cream for dessert.	彼はデザートにアイスクリームを**注文した**。
I **noticed** that he was wearing the same shoes as me.	私は彼が私と同じ靴をはいていることに**気がついた**。
We **performed** a play at the school festival.	私たちは学園祭で劇を**上演した**。
She **hid** the present under the bed.	彼女はベッドの下にプレゼントを**隠した**。
All the passengers were **rescued** from the plane.	乗客は全員、飛行機から**救助された**。
The team members always share their **knowledge**.	そのチームのメンバーは常に**知識**を共有している。

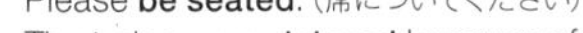

Please **be seated**.（席についてください）
The trains **were delayed** because of the heavy snow.（大雪で電車が遅れた）
She **was dressed** in black.（彼女は黒い服を着ていた）

0071 **degree** [dɪɡríː]
名 ① (温度・角度などの) 度 ② 程度

0072 **attention** [əténʃən]
名 注目
► pay attention (注意を払う) という表現も覚えておこう。

0073 **mirror** [mírər]
名 鏡

0074 **limit** [límət]
名 制限、限度
動 ~を制限する
形 limited 限られた

0075 **respect** [rɪspékt]
動 ~を尊重する、尊敬する
名 尊敬

0076 **shake** [ʃéɪk]
動 ① 震える、振動する ② ~を振る、揺らす
► shake-shook-shaken と活用する。

0077 **repeat** [rɪpíːt]
動 ① (~を) 繰り返して言う ② (~を) 繰り返す
名 repetition 繰り返し
副 repeatedly 繰り返して、何度も

0078 **repair** [rɪpéər]
動 ~を修理する
名 修理、修繕

0079 **damage** [dǽmɪdʒ] ⚠発音注意
動 ~に損害 [損傷] を与える
名 損害、ダメージ

0080 **deliver** [dɪlívər]
動 ~を配達する
名 delivery 配達、デリバリー

カタカナ発音に要注意

damage は「~に損害 [損傷] を与える」「損害」という意味ですが、「ダメージ」というカタカナ語になっているので、覚えるのは比較的楽でしょう。ただし発音は [ダメージ] とは大きく異なります。リスニングなどでパニックの元になるので、発音記号を確認し、MP3 音声を聞いて正しい発音を覚えておきましょう。ここではカタカナ発音に要注意の単語を見ておきましょう。

Track 008

The temperature will go up to 35 **degrees** tomorrow.	明日は気温が35度まで上がるでしょう。
Her beautiful dress got everyone's **attention.**	彼女の美しいドレスはみんなの注目を浴びた。
He checked his hair in the **mirror** before leaving home.	彼は家を出る前に鏡で髪をチェックした。
We had a time **limit** of three days to finish the job.	私たちには、その仕事を終えるのに3日間の時間制限があった。
We should **respect** each other's privacy.	私たちは互いのプライバシーを尊重するべきだ。
Wendy's hands are **shaking** because she is nervous.	緊張しているせいで、ウェンディの手は震えている。
The teacher **repeated** the question to the class three times.	先生はクラスにその質問を3回繰り返した。
Ken **repaired** the computer for me.	ケンは私のためにコンピュータを修理してくれた。
Her car was **damaged** in the accident.	彼女の車はその事故で破損した。
It took them over two hours to **deliver** the pizza.	ピザが配達されるのに2時間以上かかった。

□ energy [énərʤi]（元気、活力）　□ equal [íːkwəl]（平等な）　□ allergy [ǽlərʤi]（アレルギー）
□ sweater [swétər]（セーター）　□ vitamin [váɪtəmɪn]（ビタミン）

0080

0081 **safely** [séɪfli]
副 安全に、無事に
形 safe 安全な
名 safety 安全

0082 **private** [práɪvət] ▲発音注意。
形 個人的な、私用の（⇔public）
副 privately 個人的に、ひそかに
名 privacy プライバシー

0083 **fail** [féɪl]
動（〈試験など〉に）落ちる
名 failure 失敗、落第

0084 **nature** [néɪtʃər]
名 ① 自然 ② 性質
形 natural 自然の、当然の
副 naturally 自然に、当然

0085 **average** [ǽvərɪdʒ]
名 平均
形 平均の

0086 **spell** [spél]
動〈語など〉をつづる
名 spelling つづり

0087 **trust** [trʌ́st]
動 ～を信用する、信頼する
名 信用

0088 **network** [nétwə̀ːrk]
名 ネットワーク、網状組織

0089 **request** [rɪkwést]
動 ～を頼む、依頼する（≒require）
名 依頼、要請

0090 **dig** [díg]
動〈穴・トンネルなど〉を掘る
► dig-dug-dug と活用する。

〈形容詞＋ -ly〉はふつう副詞

safe（安全な）という形容詞に -ly がつくと safely（安全に）という副詞になります。simple のように le で終わる場合は le → ly になり（simply）、easy のように〈子音字＋ y〉で終わる場合は y が i になって ly がつく（easily）といった補足ルールはありますが、基本的な作りは同じ。準 2 級で登場した副詞をいくつかまとめて覚えておきましょう。

Track 009

It's raining, so please drive **safely**.	雨が降ってるから、安全運転してね。
He seldom talks about his **private** life.	彼は私生活についてはめったに話さない。
I **failed** the math test.	私は数学の試験に落ちた。
We enjoyed the beauty of **nature** in the mountains.	私たちは山の中で自然の美しさを楽しんだ。
Tyler's grades are higher than the class **average**.	タイラーの成績はクラスの平均より高い。
She always **spells** the word "Wednesday" wrong.	彼女はいつも「水曜日」という単語のつづりを間違える。
You can **trust** what Betty says.	ベティの言うことは信頼できる。
This city has a large **network** of railroads.	この都市には広い鉄道網がある。
Please use this form to **request** more information.	さらに情報を請求するには、この用紙をお使いください。
They **dug** a big hole in the ground.	彼らは地面に大きな穴を掘った。

0090

□ calm (冷静な) + -ly → □ calmly [kɑ́ːmli] (冷静に)
□ natural (自然な) + -ly → □ naturally [nǽtʃərəli] (自然に)
□ dangerous (危険な) + -ly → □ dangerously [déɪndʒərəsli] (危険なほど)
□ cheerful (陽気な) + -ly → □ cheerfully [tʃíərfəli] (陽気に)
□ loud (うるさい、大声の) + -ly → □ loudly [láʊdli] (騒々しく、大声で)

0091 **custom** [kʌ́stəm]
名 慣習、習慣

0092 **approach** [əpróʊtʃ]
動 (～に) 近づく
名 (問題などへの) 取り組み方

0093 **seek** [síːk]
動 ～を探す、探し求める
▸ seek-sought-sought と活用する。

0094 **combine** [kəmbáɪn]
動 ① ～を混ぜ合わせる、結合させる ② 結びつく
名 combination 組み合わせ、結合

0095 **harvest** [háːrvəst]
名 収穫
動 ～を収穫する (≒pick, gather)

0096 **bother** [báːðər]
動 〈人〉を困らせる；〈人〉の邪魔をする

0097 **confuse** [kənfjúːz]
動 ～を混乱させる
名 confusion 混乱

0098 **admit** [ədmít]
動 ① 〈事実など〉を認める ② 〈入場・入学など〉を認める
名 admission (入場) 許可

0099 **interest** [íntərəst]
名 ① 興味、関心 ② 興味の対象、趣味 ③ 利子
形 interesting 面白い
形 interested 興味を持った

0100 **fix** [fíks]
動 ① ～を修理する ② 〈問題〉を解決する

農業関連の単語
harvest は crop (作物、収穫物 0951) などと共に、農業関連の頻出用語です。名詞としても動詞としても出題されています。ここでは準 2 級で出題された農業関連の語をまとめて覚えておきましょう。

This **custom** is common in Eastern European countries.	この**慣習**は東ヨーロッパの国々では一般的だ。
The bird flew away when he **approached** it.	彼が**近づく**と、その鳥は飛び去った。
The supermarket is **seeking** new sales clerks.	そのスーパーマーケットは新しい店員を**探し**ている。
The children **combined** red and yellow paint to make orange.	子どもたちは赤と黄色の絵の具を**混ぜ合わせ**てオレンジ色を作った。
The apple **harvest** season is approaching.	りんごの**収穫**期が近づいている。
I do not want to **bother** others.	私は他人に**迷惑をかけ**たくない。
His story **confused** me a lot.	彼の話は私をとても**混乱させた**。
She **admitted** that she had stolen the money.	彼女はお金を盗んだことを**認めた**。
The boy has a strong **interest** in insects.	その少年は昆虫に強い**関心**がある。
Can you **fix** the printer?	プリンターを**修理**してもらえますか。

01
00

□ pest [pést] 害虫、有害な動物
□ chemical [kémɪkəl] 化学薬品、化学物質
□ farmland [fáːrmlæ̀nd] 農地
□ grain [gréɪn] 穀物、穀類
□ wheat [wíːt] 小麦

0101 **wish** [wíʃ]

動 ～を望む
► 後ろの節中の動詞が過去形になり、実現不可能だったり、実現する可能性の低い望みを表すことが多い。動詞が be 動詞の場合は主語に関係なく were を使う。

0102 **improve** [ɪmprúːv]

動 ① ～を向上させる ② 向上する、改善する
名 improvement 向上、改善

0103 **direction** [dərékʃən]

名 ① [複数形で] 道順（の説明）、指示 ② 方向 ③ 監督、指揮
動 direct 〈映画など〉を監督する

0104 **view** [vjúː]

名 ① 眺め、景色 ② 意見、考え
動 ～を眺める

0105 **steal** [stíːl]

動 ～を（こっそり）盗む
► steal-stole-stolen と活用する。

0106 **increase** [動 ɪnkríːs 名 ínkriːs]

動 ① 増える、増加する（⇔decrease） ② ～を増やす（⇔decrease）
名 増加（⇔decrease）

0107 **bright** [bráɪt]

形 ① 明るい（⇔dark） ② 輝いている
副 brightly 明るく

0108 **lately** [léɪtli]

副 最近、近ごろ
► 「遅く」は lately ではなく late なので注意しよう。

0109 **distance** [dístəns]

名 距離
► in the distance（遠くに）という表現も覚えておこう。
形 distant 遠い

0110 **spread** [spréd]

動 ① 広がる ② ～を広げる
► spread-spread-spread と活用する。

文法問題を攻略する（1）
次の予想問題を解いてみましょう。
Cindy went to the local park by herself yesterday. She walked around the park (　　) pictures of the flowers.
1 take　2 taking　3 took　4 taken

Track 011

I **wish** that I were rich so that I could buy a new car.	新しい車が買えるくらい金持ちだったらいいのに。
He is studying hard to **improve** his English skills.	彼は英語力を向上させるために一生懸命勉強している。
Can you send me **directions** to your house?	あなたの家への行き方を送ってもらえますか。
The hotel room had a great **view**.	そのホテルの部屋は眺めがよかった。
Someone **stole** his suitcase at the airport.	何者かが空港で彼のスーツケースを盗んだ。
The number of foreign tourists is **increasing** every year.	外国人観光客の数は年々増えている。
She often wears **bright** color clothes.	彼女はよく明るい色の服を着ている。
He has been too busy to read books **lately**.	彼は近ごろ忙しすぎて、本を読んでいない。
What's the **distance** between the Earth and the moon?	地球と月の間の距離はどのくらいですか。
The disease quickly **spread** all over the area.	病気はその地域全体に急速に広がった。

01▸10

動詞のing形（現在分詞）には、「～しながら」という意味を表す用法があり、taking pictures of the flowersで「花の写真を撮りながら」という意味を表します。このような現在分詞の使い方を「分詞構文」と言います。よく出題される文法項目なので、きちんと覚えておきましょう。正解は2。文の意味は「シンディーは昨日、一人で近くの公園に行った。彼女は花の写真を撮りながら園内を歩いた」

0111 **record**
[動 rɪkɔ́ːrd 名 rékərd]

動 ① ～を記録する ② ～を録画［録音］する
名 記録

0112 **temperature**
[témprətʃər]

名 ① 温度、気温 ② 体温

0113 **form**
[fɔ́ːrm]

動 ～を組織する、結成する
名 ① 用紙 ② 形

0114 **amount**
[əmáʊnt]

名 量、額
► 量の多い［少ない］は large[small] で表す。「数」は number。

0115 **fever**
[fíːvər]
▸▸▸

名 熱

0116 **advantage**
[ədvǽntɪdʒ]

名 長所、利点（≒benefit）（⇔disadvantage）

0117 **wonder**
[wʌ́ndər]

動 …だろうか（と思う）

0118 **noisy**
[nɔ́ɪzi]

形 うるさい、騒々しい
名 noise （不快な）音、騒音

0119 **detail**
[díːteɪl]

名 詳細
形 detailed 詳細な

0120 **exactly**
[ɪɡzǽktli]

副 ① 正確に ② ［強調して］まさに
形 exact 正確な

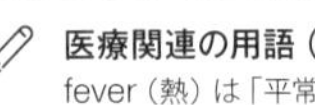

医療関連の用語（1）

fever（熱）は「平常よりも高い体温」のことです。なので、I have a slight fever today.（今日は微熱がある）とは言いますが、「今日は平熱よりも低い」のような場合には使いません。その場合は My temperature is lower than usual today. のように temperature を使います。
ここでは準２級に登場する医療関連の用語を見ておきましょう。

He **recorded** the temperature every day during summer vacation.	彼は夏休みの間、毎日気温を記録した。
The **temperature** is 25 degrees outside.	外の気温は 25 度だ。
They **formed** their band when they were in college.	彼らは大学時代にバンドを組んだ。
She spends a large **amount** of money on clothes.	彼女はかなりの金額を服に使っている。
He had a high **fever** yesterday.	彼は昨日、高い熱があった。
This plan has the **advantage** of being less expensive than others.	このプランには、ほかのプランよりも安価であるという利点がある。
I **wonder** how she finished the job so quickly.	彼女はどうやってあんなに早く仕事を終わらせたのだろう。
The café is too **noisy** for studying.	そのカフェは勉強するには騒がしすぎる。
You can find the **details** of our service on our website.	当社のサービスの詳細は、ウェブサイトでご覧いただけます。
Their power bill was **exactly** $150.	彼らの電気代はちょうど 150 ドルだった。

□ flu [flúː] インフルエンザ　□ stomachache [stʌ́məkèɪk] 腹痛　□ sunburn [sʌ́nbə̀ːrn] 日焼け
□ cancer [kǽnsər] がん　□ bacteria [bæktíəriə] バクテリア

0121 **quality** [kwɑ́:ləti]

名 品質、質
► high-quality（高品質の）、top-quality（最高の品質の）のような形で使われることもある。「量」は quantity。

0122 **experiment** [ɪkspérəmənt]

名 実験
形 experimental 実験（用）の

0123 **suggestion** [səgdʒéstʃən]

名 提案、提言
動 suggest ～を提案する

0124 **confident** [kɑ́:nfədənt]

形 ① 確信して ② 自信がある
► be confident of ～ で「～を確信している」という意味。
名 confidence 信頼；自信

0125 **truth** [trú:θ]

名 真実、本当のこと
形 true 本当の

0126 **count** [káʊnt]

動 ① ～を数える、計算する ② 重要である
►「～するもの」を意味する -er がついたのが counter（カウンター；計数器）。

0127 **greet** [grí:t]

動 ～にあいさつをする、～を出迎える
名 greeting あいさつ

0128 **process** [prɑ́:ses]

名 ① 過程 ② 製法
動 proceed 前進する、進展する

0129 **nephew** [néfju:]

►►►

名 おい

0130 **decision** [dɪsíʒən]

名 ① 決定、結論 ② 決心
動 decide ～を決める

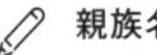

親族名称

nephew（おい）は筆記大問 1 の正解や誤答として何度も出題されている要注意語です。father（父）、mother（母）、son（息子）、daughter（娘）といった基本語以外の親族を表す語も覚えておきましょう。

Track
013

They only sell shoes that are high **quality**.	その店では高品質の靴だけを売っている。
They did some **experiments** on wind energy.	彼らは風力に関するいくつかの**実験**を行った。
Do you have any **suggestions** on what to eat for dinner?	夕食に食べるものについて何か**提案**はありますか。
He **was confident of** the success of the new project.	彼は新プロジェクトの成功を**確信していた**。
I do not think he is telling the **truth**.	私は彼が**本当のこと**を言っていないと思う。
Can you help me **count** these stamps?	これらの切手を**数える**のを手伝ってくれますか。
Grandma always **greets** everyone at the front door.	おばあちゃんはいつも皆を玄関口で**出迎える**。
Our **process** for making our sausages is a secret.	当店のソーセージの製造**工程**は秘密です。
She sometimes takes care of her **nephew** when her sister is busy.	彼女は姉が忙しいとき、時々**おい**の面倒を見る。
You have to make a **decision** about your next job soon.	あなたは次の仕事についてすぐに**結論**を出さなければならない。

□ husband [hʌ́zbənd] 夫
□ cousin [kʌ́zn] いとこ
□ niece [níːs] めい
□ grandparent [grǽnpèərənt] 祖父母
□ ancestor [ǽnsestər] 祖先、先祖

01
30

0131 **channel**
[tʃǽnl] ▲発音注意。
名 ①（テレビ・ラジオなどの）チャンネル、局
②海峡

0132 **rarely**
[réərli]
副 めったに~しない
形 rare まれな

0133 **material**
[mətíəriəl]
▸▸▸✎
名 原料、素材

0134 **decrease**
[動 dìːkríːs 名 díːkriːs]
動 ①減る、減少する（⇔increase）
②~を減らす（⇔increase）
名 減少（⇔increase）

0135 **judge**
[dʒʌ́dʒ]
動 ~の審査をする
名 審査員
名 judgment 判断

0136 **press**
[prés]
動 ~を押す
名 新聞、出版物

0137 **scene**
[síːn]
名（映画・小説などの）場面、シーン

0138 **position**
[pəzíʃən]
名 ①地位、立場 ②位置

0139 **directly**
[dəréktli]
副 直接
形 direct 直接の、じかの

0140 **hardly**
[háːrdli]
副 ほとんど~ない
▸ not がなくても否定の意味の文になる。

✎ **服飾素材を表す語**
material は「（ものを作るための）原料、素材」という意味の名詞ですが、準2級では主に衣服などの素材を言うときに使われているようです。ここでは準2級で登場した、衣服の素材を表す語を見ておきましょう。

Track 014

Which **channel** is playing the basketball game?	どのチャンネルでバスケットボールの試合をやってるかな。
Nelson **rarely** eats out because it is expensive.	高くつくので、ネルソンはめったに外食しない。
This product is made from high-quality **materials**.	この製品は高品質の素材で作られている。
Wild animal populations are **decreasing** every year.	野生動物の個体数は年々減少している。
He has **judged** several photo contests.	彼はこれまでいくつかの写真コンテストの審査をしてきた。
Can you **press** the power button?	電源ボタンを押してくれますか。
There were a lot of beautiful **scenes** in the movie.	その映画には美しいシーンがたくさんあった。
She was given a **position** as an instructor.	彼女はインストラクターのポジションを与えられた。
This flight goes **directly** from Tokyo to Toronto.	この便は直接東京からトロントに行く。
It was so dark that she could **hardly** see anything.	とても暗くて、彼女はほとんど何も見えなかった。

□ cotton [kɑ́:tn] 綿　□ silk [sílk] 絹、シルク　□ wool [wúl] ウール、羊毛　□ leather [léðər] 革
□ fur [fə́:r] 毛皮

01
40

0141 **reality** [riǽləti]
名 現実
► in reality（実際には）という表現も覚えておこう。
形 real 現実の、実際の

0142 **erase** [ɪréɪs]
動 ～を消す
► eraser（消しゴム）は「erase するもの」という意味。

0143 **issue** [íʃuː]
名 問題、論点

0144 **peace** [píːs]
名 平和
形 peaceful 平和な、平穏な
副 peacefully 平穏に

0145 **rhythm** [ríðm]
名 リズム
► つづりに注意しよう。

0146 **surface** [sə́ːrfəs] ▲発音注意。
名 表面

0147 **behavior** [bɪhéɪvjər]
名 振る舞い、行動
動 behave 振る舞う

0148 **atmosphere** [ǽtməsfìər]
名 ① 雰囲気 ② 大気

0149 **cure** [kjʊ́ər]
名 治療、治療法
動（病気など）を治す

0150 **whisper** [wíspər]
動（～を）ささやく
名 ささやき声

注意すべき同音語 (1)
peace は「平和」という意味の名詞ですが、「一切れ、一かけら」という意味の piece と発音が同じです。このような同音語は聞いただけでは違いがわからないので、リスニングの際には文脈をイメージしながら聞くことが重要です。ここでは準 2 級で登場する同音語のセットをまとめて見ておきましょう。

Track 015

Walter likes to escape **reality** by reading books.	ウォルターは本を読んで**現実**逃避をするのが好きだ。
She **erased** the important data by mistake.	彼女は間違えてその大切なデータを**消して**しまった。
Those countries are facing food **issues**.	それらの国々は食料**問題**に直面している。
Their activity brought **peace** to the country.	彼らの活動はその国に**平和**をもたらした。
They danced to the **rhythm** of the music.	彼らは音楽の**リズム**に合わせて踊った。
The **surface** of the moon is not smooth.	月の**表面**は滑らかではない。
The teacher told her parents about her bad **behavior** in class.	教師は、彼女の授業中の**態度**の悪さについて両親に話した。
The café has a good **atmosphere**.	そのカフェは**雰囲気**がいい。
The team found a new **cure** for the disease.	チームはその病気の新しい**治療法**を発見した。
Colin **whispered** his secret to his best friend.	コリンは親友に自分の秘密を**ささやいた**。

□ steal（～を(こっそり)盗む） [stíːl] □ steel（鋼鉄、はがね）
□ sail（〈人が〉船を操縦する） [séɪl] □ sale（バーゲンセール、安売り）
□ plain（装飾のない、無地の） [pléɪn] □ plane（飛行機）
□ weight（体重、重さ） [wéɪt] □ wait（待つ）
□ whole（すべての、全部の） [hóʊl] □ hole（穴）

01
50

0151 **data** [déɪtə]

名 データ、情報
► 元々 datum の複数形だが、単数名詞としても扱う。

0152 **instead** [ɪnstéd]

副 その代わりに

0153 **exercise** [éksərsàɪz]

名 ① 運動 ② 練習 (≒practice)
動 運動する

0154 **accident** [ǽksɪdənt]

名 ① 事故 ② 思いがけない出来事
►「交通事故」は traffic accident。

0155 **easily** [íːzəli]

副 簡単に、たやすく (≒with ease)
形 easy 簡単な

0156 **prepare** [prɪpéər]

動 ①（～を）準備する ②〈食事など〉を作る
► prepare for ～ の項目 (1353) も参照。
名 preparation 準備

0157 **crowded** [kráʊdɪd]

形 混雑した
►「～で混んでいる」は be crowded with ～ と言う。
名 crowd 人混み

0158 **someday** [sʌ́mdèɪ]

副 いつか

0159 **experience** [ɪkspíəriəns]

名 経験
動 ～を経験する

0160 **flight** [fláɪt]

名 飛行機の便、空の旅

〈時〉を表す語
someday は「いつか、そのうち」と比較的遠い未来のことを言うときに使います。some day ともつづります。ここでは準 2 級で登場する〈時〉を表す語をいくつかまとめて見ておきましょう。

Track 016

He saves the job **data** every two hours.	彼は仕事の**データ**を2時間おきにセーブしている。
I'm busy next Saturday. How about Sunday, **instead**?	今度の土曜日は忙しいんです。**代わりに**日曜日ではどうですか。
I try to get some **exercise** every day.	私は毎日**運動**するように心がけている。
I got into an **accident** last week while riding my bike.	先週、自転車に乗っていて**事故**にあった。
The old chair broke very **easily**.	その古いいすはとても**簡単に**壊れた。
He is **preparing** some documents for the meeting.	彼は会議用の書類を**準備**している。
The lobby **was crowded with** parents waiting for their kids.	ロビーは子どもを待つ親たち**で混雑していた**。
My dream is to become a jazz singer **someday**.	私の夢は**いつか**ジャズシンガーになることだ。
Parker had a great **experience** at summer camp.	パーカーはサマーキャンプで素晴らしい**経験**をした。
How was your **flight**?	空の**旅**はいかがでしたか。

□ weekday [wíːkdèɪ] 平日
□ afterward(s) [ǽftərwərd(z)] あとで
□ daytime [déɪtàɪm] 昼間、日中
□ decade [dékeɪd] 10年間
□ midnight [mídnàɪt] 真夜中、午前零時

01 ▸ 60

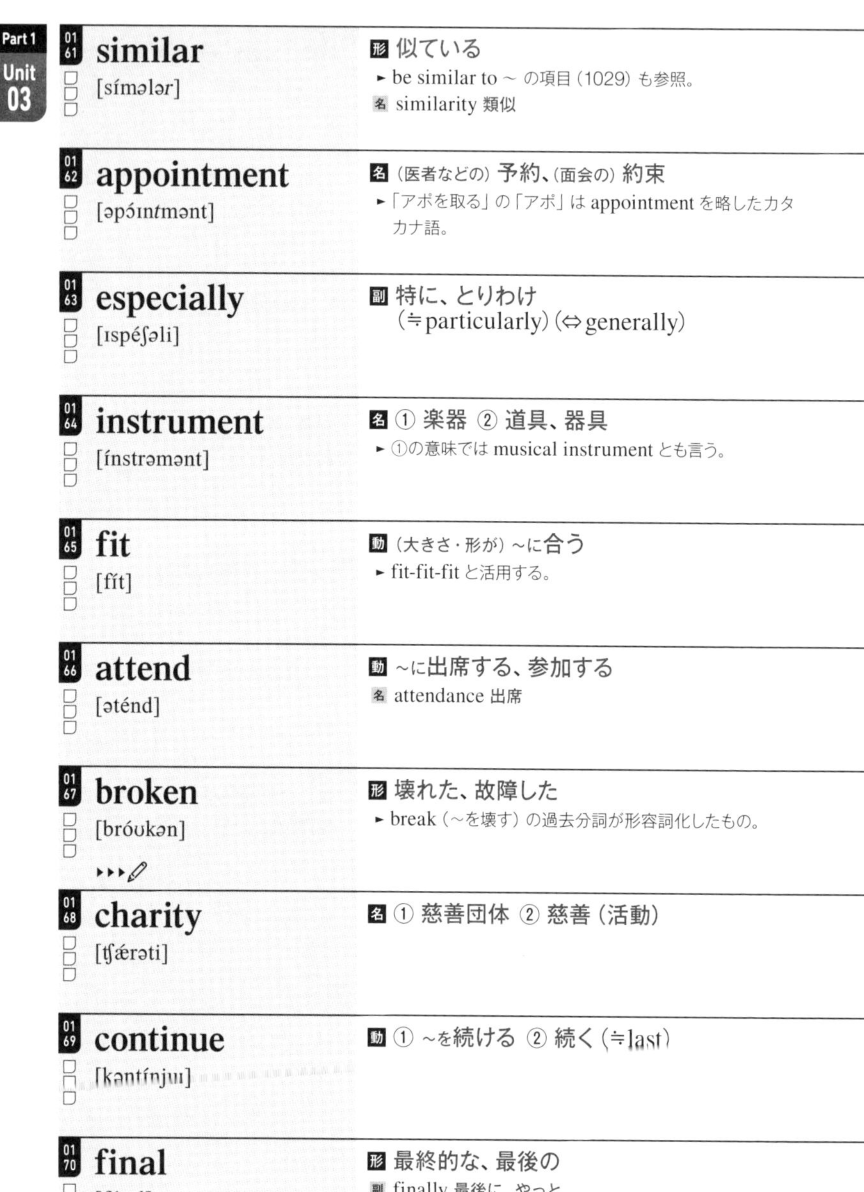

0161 **similar**
[símələr]

形 似ている
► be similar to ~ の項目（1029）も参照。
名 similarity 類似

0162 **appointment**
[əpɔ́ɪntmənt]

名（医者などの）予約、（面会の）約束
►「アポを取る」の「アポ」は appointment を略したカタカナ語。

0163 **especially**
[ɪspéʃəli]

副 特に、とりわけ
（≒particularly）（⇔generally）

0164 **instrument**
[ínstrəmənt]

名 ① 楽器 ② 道具、器具
► ①の意味では musical instrument とも言う。

0165 **fit**
[fít]

動（大きさ・形が）~に合う
► fit-fit-fit と活用する。

0166 **attend**
[əténd]

動 ~に出席する、参加する
名 attendance 出席

0167 **broken**
[bróʊkən]

形 壊れた、故障した
► break（~を壊す）の過去分詞が形容詞化したもの。

0168 **charity**
[tʃǽrəti]

名 ① 慈善団体 ② 慈善（活動）

0169 **continue**
[kəntínjuː]

動 ① ~を続ける ② 続く（≒last）

0170 **final**
[fáɪnl]

形 最終的な、最後の
副 finally 最後に、やっと

形容詞化した過去分詞
broken（壊れた、故障した）は break（~を壊す）の過去分詞が形容詞化したものです。このように、元々動詞の過去分詞だったものが形容詞になったものは数多くあります。ここでは準 2 級で登場する主なものを見ておきましょう。

Track 017

The twins always wear clothes that look **similar**.	その双子はいつも似たような服を着ている。
She has a dentist **appointment** on Wednesday.	彼女は水曜日に歯医者の予約がある。
Her work is very busy, **especially** on Mondays.	彼女の仕事はとても忙しい。月曜日は特に。
I'd like to start learning a new **instrument**.	私は新しい楽器を習い始めたい。
Paul's favorite shirt does not **fit** him anymore.	ポールのお気に入りのシャツは、もう彼の体に合わない。
Keller **attended** a conference in Florida last week.	ケラーは先週フロリダで開かれた会議に出席した。
This air conditioner is **broken**.	このエアコンは壊れている。
The old couple gave the money to a **charity**.	その老夫婦はお金を慈善団体に寄付した。
It began to rain, but they **continued** the race.	雨が降り始めたが、彼らはレースを続けた。
Final exams begin on July 11.	期末試験は7月11日に始まる。

01
70

□ frozen [fróuzn] 凍った
□ advanced [ədvǽnst] 上級の、高度な
□ limited [límətɪd] 限られた
□ injured [índʒərd] けがをした
□ experienced [ɪkspíəriənst] 経験豊富な

Part 1 Unit 03

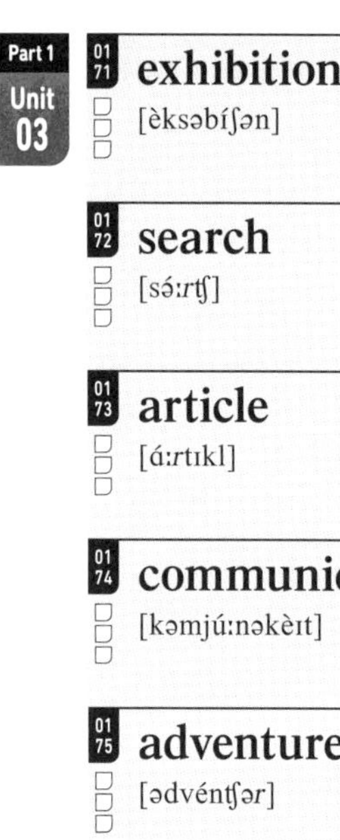

0171 **exhibition** [èksəbíʃən]
名 展覧会
動 exhibit ～を展示する

0172 **search** [sə́ːrtʃ]
動 ① 〈場所など〉を探す、調べる
② 〈ファイルなど〉を検索する
名 追求
▸「～を探して」は for～ で表す。

0173 **article** [ɑ́ːrtɪkl]
名 記事

0174 **communicate** [kəmjúːnəkèɪt]
動 意思疎通する
名 communication 意思疎通、コミュニケーション

0175 **adventure** [ədvéntʃər]
名 冒険

0176 **energy** [énərdʒi] ▲ 発音注意。
名 ① 元気、活力 ② エネルギー

0177 **attract** [ətrǽkt]
動 ～を引きつける、魅了する
形 attractive 魅力的な
名 attraction 魅力、引きつけるもの

0178 **correct** [kərékt]
動 〈誤りなど〉を訂正する
形 正しい (⇔incorrect)
副 correctly 正確に
名 correction 訂正

0179 **contain** [kəntéɪn]
動 ～を含む
▸「～するもの」を意味する -er がついたのが container (容器、コンテナ)。
名 content 内容、中身

0180 **lead** [líːd]
動 ① ～を導く ② (結果などに) つながる
形 主な
▸ lead-led-led と活用する。
名 leader 指導者、リーダー 名 leadership 統率力

文法問題を攻略する (2)
次の予想問題を解いてみましょう。
Jim plans to move out of his parents' house after college. He hates (　　) what to do by his parents.
1 told　2 being told　3 telling　4 to be telling

Track 018

They are having a photo **exhibition** of animals in the museum.	美術館で動物写真の**展覧会**を開催している。
He **searched** his room **for** his key.	彼はかぎを見つけようと部屋中を**探した**。
There are many interesting **articles** on that website.	そのウェブサイトには興味深い**記事**がたくさんある。
It is fun to **communicate** in different languages.	さまざまな言語で**コミュニケーションする**のは楽しい。
The trip to Africa was a great **adventure** for them.	アフリカ旅行は彼らにとって大**冒険**だった。
I have no **energy** to finish this work today.	今日、この仕事を終わらせる**元気**はない。
Some flowers **attract** insects with their bright colors.	花の中には鮮やかな色で昆虫を**引きつける**ものもある。
They **corrected** the mistakes on their website.	彼らはウェブサイト上の誤りを**訂正した**。
This food **contains** many minerals and vitamins.	この食品には多くのミネラルやビタミンが**含まれている**。
The guide **led** the tourists through the city.	ガイドは観光客に市内を**案内した**。

01
80

動詞 hate（～をひどく嫌がる）の後ろに入る動詞の形を選ぶ問題です。空欄の後ろに by his parents（両親によって）があることから、受動態を入れて「何をすべきか言われる（＝命令される）」になりそうだと見当がつけば、正解が 2 だとわかります。ただしここでは動詞 hate の後ろなので、動名詞形 being told になっています。受動態も準 2 級でよく出題されていますが、多くの場合、このようにほかの文法事項と絡めた形で出題されています。「ジムは大学を出たら実家を出るつもりだ。親から何をすべきか指図されるのが大嫌いなのだ。」

0181 **bite** [báɪt]

動 ～をかむ、～にかみつく
名 ① かむこと ② 軽食
► bite-bit-bitten と活用する。

0182 **impossible** [ɪmpάːsəbl]

形 ① ありえない（⇔possible）
② 不可能な（⇔possible）
► possible（ありうる、可能な）に否定を表す im- がついてできた単語。

0183 **strength** [stréŋkθ] ▲発音注意。

►►►✎

名 力、強さ、体力
形 strong 強い

0184 **instruction** [ɪnstrʌ́kʃən]

名 ① ［複数形で］取扱説明（書）
② ［複数形で］指示、命令
動 instruct ～に指示する
名 instructor 指導員、インストラクター

0185 **empty** [émpti]

形 空の、空いている

0186 **stage** [stéɪʤ]

名 ① 舞台、ステージ ② 段階

0187 **terribly** [térəbli]

副 非常に、ひどく
形 terrible ひどい

0188 **dive** [dáɪv]

動 ①（頭から）飛び込む ② 潜水する
名 ① 飛び込み ② 潜水
► アメリカ英語では過去形に dove も使う。
名 diver 潜水夫、ダイバー

0189 **lecture** [léktʃər]

名 講演、講義

0190 **career** [kəríər] ▲アクセント注意。

名 ① 職業 ② 経歴、キャリア

✎ **th で終わる抽象名詞**

strength（力、強さ、体力）は、形容詞 strong（強い）の名詞形です。o が e に変わっていますが、基本的には語尾に -th をつけた形です。ここでは、同じように形容詞の後ろに -th のついた抽象名詞をまとめて見ておきましょう。（warmth, length, depth の 3 語は未出題語。）

Don't worry. This dog never **bites** people.	心配しないで。この犬は決して人をかまないから。
It's **impossible** for everyone to agree on everything all the time.	皆がいつもすべてのことに同意するなんて**ありえない**。
After his surgery, he did not have the **strength** to walk.	手術のあと、彼には歩く**体力**がなかった。
Follow the **instructions** to put together your new bookshelf.	**取扱説明書**に従って、新しい本棚を組み立ててください。
When he opened the box, he saw that it was **empty**.	彼が開けてみると、その箱は**空**だった。
He went onto the **stage** to accept his award.	彼は賞を受けるために**舞台**に上がった。
We are **terribly** sorry to hear about the loss of your husband.	ご主人がご逝去されたと伺い、**心から**お悔やみ申し上げます。
You cannot **dive** here because the water is not deep.	水深があまりないので、ここで**飛び込み**はできません。
He gave a **lecture** at the community center today.	彼は今日、公民館で**講演**を行った。
He is interested in a **career** as a pilot.	彼はパイロットの**職**に興味がある。

□ true [trúː] 本当の → □ truth [trúːθ] 真実、本当のこと　□ wide [wáɪd]（幅の）広い → □ width [wídθ]幅
□ warm [wɔ́ːrm]暖かい → □ warmth [wɔ́ːrmθ]暖かさ　□ long [lɔ́(ː)ŋ] 長い → □ length [léŋkθ] 長さ
□ deep [díːp] 深い → □ depth [dépθ] 深さ

0191 **surround** [səráʊnd]
動 ～を囲む

0192 **emergency** [ɪmə́:rdʒənsi]
名 緊急事態
► emergency exit（非常口）、emergency stop（緊急停止）のような使い方もある。

0193 **anniversary** [æ̀nəvə́:rsəri]
名 記念日、～周年

0194 **below** [bɪlóʊ]
前 ～の下に、～より下に（⇔above）

0195 **flat** [flǽt]
形 平らな、平坦な

0196 **rapidly** [rǽpɪdli]
副 急速に、速く
形 rapid 急速な

0197 **release** [rɪlí:s]
動 ① ～を発売する ② ～を放つ、発する
名 ① 発売 ② 放出

0198 **translate** [trǽnsleɪt]
動 ～を翻訳する
名 translation 翻訳
名 translator 翻訳家

0199 **operation** [ɑ̀:pəréɪʃən]
名 ① 手術 ② 活動、作業
動 operate 作動する、～を操作する

0200 **arrange** [əréɪndʒ]
動 ① ～を並べる、配置する
② （～を）手配する、準備する
名 arrangement 手配、準備

イベント関連の語
anniversary の anni は「年」、vers は「戻ってくる」という意味の語根で、「1 年に 1 回巡ってくるもの」が元の意味です。なので、「1 年に一度行われる記念日」や「～周年」を指します。イベントには party（パーティー）や festival（お祭り）などがありますが、ここでは準 2 級で登場するほかの関連語も見ておきましょう。

Track 020

My town is **surrounded** by beautiful mountains.	私の町は美しい山々に囲まれている。
Do not use elevators in an **emergency**.	緊急のときには、エレベーターは利用しないでください。
The company celebrated their 30th **anniversary**.	その会社は創業 30 周年を祝った。
The temperature gets down **below** zero in winter here.	ここでは冬には気温が零度以下まで下がる。
There is a small **flat** area at the top of the hill.	丘の上には小さな平地がある。
The number of wild animals on the island is decreasing **rapidly**.	その島の野生動物の数は急速に減少している。
Her favorite band **released** a new album last week.	彼女のお気に入りのバンドが先週新しいアルバムをリリースした。
Ben wants to **translate** the novel into English someday.	ベンはいつかその小説を英語に翻訳したいと思っている。
My mother had an **operation** at the hospital yesterday.	母は昨日、病院で手術を受けた。
The students **arranged** their chairs in a circle.	生徒たちはいすを円形に並べた。

02
00

□ celebration [sèləbréɪʃən] 祝賀、祝賀会
□ honeymoon [hʌ́nimù:n] ハネムーン、新婚旅行
□ parade [pəréɪd] パレード
□ wedding [wédɪŋ] 結婚式
□ reunion [rì:jú:njən] 同窓会、再会の集い

0201 destroy [dɪstrɔ́ɪ]
□□□

動 ～を破壊する（⇔construct）
名 destruction 破壊

0202 breathe [bríːð] ▲発音注意。
□□□

動 ①〈空気〉を吸う ②呼吸する
名 breath 息

0203 concentrate [kɑ́ːnsəntrèɪt]
□□□

動 集中する
▸ concentrate on ～ で「～に集中する」という意味。
名 concentration 集中

0204 achieve [ətʃíːv]
□□□

動〈目的など〉を達成する
名 achievement 業績

0205 violent [váɪələnt]
□□□
▸▸▸✎

形 暴力的な、暴力シーンの多い
名 violence 暴力

0206 round [ráʊnd]
□□□

形 丸い、円形の
名（行事などの）段階

0207 curious [kjʊ́əriəs]
□□□

形 好奇心の強い、せんさく好きな
▸ be curious about ～ で「～について好奇心がある」という意味。
名 curiosity 好奇心

0208 slide [sláɪd]
□□□

動 ①～を滑らせる、スライドさせる
②（意図的に）滑る
名 滑り台
▸ slide-slid-slid と活用する。

0209 equal [íːkwəl] ▲発音・アクセント注意。
□□□

形 ①平等な ②等しい
▸ 数学の「イコール（=）」はこの単語。
副 equally 平等に、等しく
名 equality 平等

0210 totally [tóʊtəli]
□□□

副 完全に、すっかり
形 total 全部の、全体の

✎ **名詞形の作り方**

violent は「暴力的な」という意味の形容詞で、名詞形は violence（暴力）です。語末の t が ce に変わっただけですね。同じように t → ce で名詞形になる語はほかにもあります。まとめて覚えて、語彙（ごい）力を一気に高めましょう

Track 021

A lot of houses were **destroyed** in the earthquake.	多くの家が地震で破壊された。
He opened the window to **breathe** some fresh air.	彼は新鮮な空気を吸うために窓を開けた。
I can **concentrate on** my work even in a noisy room.	私はうるさい部屋でも仕事に集中できる。
Our company **achieved** this year's sales goal.	わが社は今年の売り上げ目標を達成した。
I do not like watching **violent** movies.	暴力シーンの多い映画を見るのは好きではない。
Should we buy **round** plates or square ones?	丸い皿を買うべきかな、それとも四角い皿を買うべきかな。
The little boy **was curious about** everything he saw.	その男の子は目に入るあらゆるものに好奇心を持った。
He **slid** the door to the right.	彼はドアを右にスライドさせた。
You must give children **equal** opportunities.	子どもたちに平等な機会を与えるべきだ。
I **totally** forgot that yesterday was her birthday.	私は昨日が彼女の誕生日だということをすっかり忘れていた。

02 ▸ 10

□ absent [ǽbsənt] 欠席した、不在の → □ absence [ǽbsəns] 欠席、不在
□ different [dífərnt] 異なる → □ difference [dífərns] 違い
□ silent [sáɪlənt] 静かな → □ silence [sáɪləns] 静寂
□ convenient [kənvíːnjənt] 便利な → □ convenience [kənvíːnjəns] 便利さ
□ excellent [éksələnt] 素晴らしい → □ excellence [éksələns] 優秀さ

0211 **allergy** [ǽlərdʒi] ▲発音注意。

名 アレルギー

0212 **perhaps** [pərhǽps]

副 もしかすると（≒maybe）

0213 **spirit** [spírət]

名 ① 気迫、意気込み ② 心、精神

► fighting spirit（闘志、闘争心）という表現も覚えておこう。

0214 **sharp** [ʃɑ́:rp]

形 鋭い（⇔dull）

副 sharply 鋭く

0215 **promote** [prəmóʊt]

動 ① ～を昇進させる
② ～を推進する、促進する

名 promotion 昇進；促進

0216 **alike** [əláɪk]

形 似て

副 同様に

► look alikeで「よく似ている、そっくりである」という意味。

0217 **happily** [hǽpəli]

副 楽しく、幸せに

形 happy 楽しい、幸せな

名 happiness 幸せ、幸福

0218 **business** [bíznəs]

名 ① 商売、ビジネス ② 会社、店

► on business の項目（0994）、go out of business の項目（1368）も参照。

0219 **deal** [dí:l]

名 取引、契約

► get a good deal（いい取引をする、安く手に入れる）という表現も覚えておこう。

0220 **rumor** [rú:mər]

名 うわさ

叙述用法の形容詞

形容詞には、前から名詞を修飾する使い方（＝限定用法）と、be 動詞などの後ろに置かれる使い方（＝叙述用法）があります。This new bag is Meg's.のnewは限定用法、This bag is new.のnewは叙述用法です。多くの形容詞は両方の用法で使われますが、alike（似た）や awake（起きている）、asleep（眠っている）、alive（生きている）など a で始まるいくつかの形容詞は叙述用法でしか使われません。

He has an **allergy** to eggs.	彼は卵に対するアレルギーがある。
I'm busy this week, but **perhaps** I'll be able to meet you next week.	今週は忙しいですが、もしかしたら来週ならお会いできるかもしれません。
The players showed good **spirit** in the game.	選手たちは試合中、気迫を見せた。
Be careful, that knife is very **sharp**.	気をつけて。そのナイフはとても鋭いから。
Heath was **promoted** to section chief.	ヒースは課長に昇進した。
They do not **look alike**, but actually they are twins.	彼らは似ていないが、実は双子だ。
She spent the weekend **happily** watching movies.	彼女は映画を見て週末を楽しく過ごした。
Jeff started his own import **business** when he was young.	ジェフは若いときに輸入業を始めた。
Our company is making **deals** with some foreign companies.	わが社は海外の会社数社と取引をしている。
I heard a **rumor** that Bob got married.	ボブが結婚したといううわさを聞いた。

It's late. Why are you still **awake**? (もう遅いよ。なんでまだ**起きてる**の?)
Please try to be quiet while the baby is **asleep**. (赤ちゃんが**寝ている**間は静かにするようにしてね)
The lost hikers stayed **alive** by eating wild fruits.
(道に迷ったハイカーたちは野生の果実を食べることで**生き**延びた)

0221 **admire** [ədmáɪər]
動 ① ～に見とれる ② ～を称賛する
名 admiration 称賛

0222 **tight** [táɪt]
形 ① 〈服が〉きつい（⇔loose）
② 〈スケジュール・予算などが〉余裕のない
副 tightly きつく
動 tighten ～をきつくする

0223 **immediately** [ɪmíːdiətli]
副 すぐに、ただちに
形 immediate 即座の、迅速な

0224 **delicate** [délɪkət] ▲アクセント注意。
形 ① 壊れやすい、繊細な
② 〈問題などが〉取り扱いの難しい

0225 **generation** [ʤènəréɪʃən]
名 世代

0226 **clear** [klíər]
形 澄んだ、きれいな
動 〈邪魔なもの〉を取り除く、片づける
副 clearly はっきりと

0227 **harmony** [háːrməni]
名 調和
► in harmony で「調和して、仲よく」という意味。

0228 **careless** [kéərləs]
形 不注意な（⇔careful）

0229 **muscle** [mʌsl] ▲発音注意。
名 筋肉

0230 **majority** [məʤɔ́ːrəti]
名 過半数、大多数（⇔minority）
形 名 major 主要な；専攻

身体部位を表す語
muscle（筋肉）の c は発音しないので発音も要注意です。arm（腕）や leg（脚）、foot（足）、head（頭部）、neck（首）などのほかにも覚えておくべき身体部位の名称はいろいろあります。ここでは準 2 級で登場するものをまとめて見ておきましょう。

Track 023

The couple **admired** the view of the beach from their hotel room.	そのカップルはホテルの部屋からのビーチの眺めに見とれた。
These shoes are too **tight** for me to wear.	この靴はきつすぎてはけない。
Most people left **immediately** after the fireworks ended.	花火が終わると、ほとんどの人がすぐに立ち去った。
Laptop screens are very **delicate** and can break easily.	ノートパソコンのスクリーンは繊細で簡単に壊れる。
Many people in the younger **generation** like to live in cities.	若い世代の多くは都市に住むことを好む。
The lake was deep and **clear**.	湖は深く、澄んでいた。
We should learn to live **in harmony** with others.	私たちはほかの人と仲よく生きることを学ばなければならない。
There were a lot of **careless** mistakes in his report.	彼のレポートにはたくさんの不注意な誤りがあった。
My brother works out every day to build **muscle**.	弟は筋肉をつけようと毎日トレーニングしている。
The **majority** of his classmates wear glasses.	彼の同級生の過半数がメガネをかけている。

02
30

□ bone [bóʊn] 骨 □ skin [skín] 肌、皮膚 □ lung [lʌ́ŋ] 肺 □ throat [θróʊt] のど
□ knee [ní:] ひざ □ brain [bréɪn] 脳 □ chest [tʃést] 胸部 □ shoulder [ʃóuldər] 肩
□ back [bǽk] 背中

0231 **forgive**
[fərgív]

動 ～を許す
► forgive-forgave-forgiven と活用する。

0232 **yell**
[jél]

動 大声で叫ぶ（≒shout, scream）
► 「エールを送る」の「エール」も yell。

0233 **voyage**
[vɔ́ɪɪʤ] ▲ a の発音に注意。
►►►✎

名（特に船・空の長い）旅

0234 **unless**
[ənlés]

接 …でなければ、…でない限り

0235 **reaction**
[riǽkʃən]

名 反応、応答（≒response）
動 react 応答する

0236 **stand**
[stǽnd]

動 ① ～を我慢する ② 立つ
► stand-stood-stood と活用する。

0237 **clothes**
[klóʊz] ▲ 発音注意。

名 服
► 集合的に「衣服」を表す。
名 clothing 衣料品

0238 **several**
[sévrəl]

形 いくつかの、何人かの

0239 **hurry**
[hə́:ri]

動 急ぐ
► Hurry up!（急いで!）も頻出表現。

0240 **discount**
[dískaʊnt]

名 割引
► 「安売り、セール」は sale。

✎ **「旅」を表す語**
voyage は主に「船旅」を指します。「旅」を意味する語にはほかにもいろいろあるので、整理しておきましょう。travel は最も一般的に「旅」を意味する語、trip はビジネスなど明確な目的のある「旅行」あるいは比較的短い「旅」、journey は比較的長い陸路の「旅」、tour は「周遊旅行」を意味します。sightseeing は「観光（旅行）」です。

Track 024

She will **forgive** you if you say you're sorry.	謝れば彼女は**許**してくれますよ。
He **yelled** for help when he saw the fire.	火事を見て、彼は助けを求めて**大声で叫ん**だ。
They went on a **voyage** to Europe.	彼らはヨーロッパへの**船旅**に出た。
Unless it rains, she's going to go to the beach.	雨が降ら**ない限り**、彼女はビーチに行くつもりだ。
What was Sam's **reaction** when he heard your song?	サムがあなたの歌を聞いたとき、どんな**反応**でしたか。
He could not **stand** the noise of the road construction.	彼は道路工事の騒音が**耐え**られなかった。
Taylor likes shopping for **clothes**.	テイラーは**服**を買いに行くのが好きだ。
Several students have complained that there is too much homework.	**何人か**の生徒が宿題が多すぎると不満を漏らしている。
She **hurried** home from the train station to avoid the rain.	雨を避けるため、彼女は駅から家まで**急い**だ。
Do you give a student **discount**?	学**割**はありますか。

voyage

travel

journey

02
40

0241 **nervous** [nə́:rvəs]
形 ① 緊張した ② 神経質な
名 nerve 神経
副 nervously 神経質に

0242 **project** [prɑ́:dʒekt]
名 ①（学校の）学習課題 ② 計画、プロジェクト

0243 **boss** [bɔ́(:)s]
名 上司

0244 **feed** [fí:d]
動 ～に食事［えさ］を与える
► feed-fed-fed と活用する。

0245 **excellent** [éksələnt]
形 素晴らしい
名 excellence 優秀さ

0246 **abroad** [əbrɔ́:d]
副 外国へ、外国で（≒overseas）

0247 **while** [wáɪl]
接 ① …する間 ② …する一方で

0248 **nearby** [nìərbáɪ]
副 近くに
形 近くの

0249 **rest** [rést]
名 ① 休み ② 残り
動 休む

0250 **professional** [prəféʃənl]
形 プロの（⇔amateur）
名 プロ（選手）（⇔amateur）

学校関連の用語 (1)

project は「プロジェクト」というカタカナ語があるため、「プロジェクト、計画」という意味を覚えている人は多いですが、準 2 級では「（学校で課される）研究課題」という意味でも頻出しており、この意味も覚えておく必要があります。ここでは準 2 級で登場する学校関連の用語を見ておきましょう。

Track 025

I was very **nervous** before the interview.	私は面接の前、とても緊張していた。
The students worked on a **project** on climate change.	学生たちは気候変動に関する課題に取り組んだ。
Her new **boss** is very kind and understanding.	彼女の新しい上司はとても親切で理解がある。
Please don't **feed** the dog.	その犬にえさを与えないでください。
The pizza at that restaurant is **excellent**.	そのレストランのピザは素晴らしい。
They travel **abroad** twice a year.	彼らは年に２回は海外旅行をする。
She found an old album **while** she was cleaning her room.	彼女は部屋を掃除しているときに、古いアルバムを見つけた。
Is there a post office **nearby**?	この近くに郵便局はありませんか。
The doctor told her to go home and get some **rest**.	医師は彼女に家に帰って少し休息をとるように言った。
He wants to be a **professional** cook in the future.	彼は将来プロの料理人になりたいと思っている。

02
50

□ university [jù:nəvə́:rsəti] 大学
□ cafeteria [kæ̀fətíəriə]（学校などの）食堂
□ dormitory [dɔ́:rmətɔ̀:ri] 寮、寄宿舎
□ laboratory [lǽbərətɔ̀:ri] 実験室
□ nurse's office [nə́:rsɪz ɑ̀:fəs]（学校の）保健室

0251 **hunt** [hʌ́nt]
動 ① 狩りをする ② ～を狩る
名 hunter ハンター

0252 **insect** [ínsekt] ▸▸▸
名 昆虫

0253 **enter** [éntər]
動 ①（～に）入る ②〈競技など〉に参加する
名 entrance 入り口；入学
名 entry 入場、入学、参加

0254 **countryside** [kʌ́ntrisàɪd]
名 田舎

0255 **mean** [mí:n]
動 ～を意味する
► mean-meant-meant と活用する。
名 meaning 意味

0256 **nowadays** [náʊədèɪz]
副 近ごろでは（≒these days）
► ふつう現在の文で使う。

0257 **activity** [æktívəti]
名 行動、活動
動 act 行動する、活動する
形 active 活動的な

0258 **although** [ɔːlðóʊ]
接 …だけれども、たとえ…でも（≒though）

0259 **ancient** [éɪnʃənt]
形 古代の（⇔modern, contemporary）

0260 **discuss** [dɪskʌ́s]
動 ～について話し合う
► 後ろに直接、目的語がくることに注意。discuss about ～ とは言わない。
名 discussion 話し合い

昆虫関連の語

insect（昆虫）は in-（中に）+sect（切る）からできた語。「胴体に刻み目のある」ものということです。厳密にはクモやムカデは「昆虫」ではありませんが、insect はこれらも含みます。ミミズやヒルなどは worm と言います。ここでは準 2 級に登場した insect の仲間を見ておきましょう。

Track
026

Wolves live and **hunt** in groups.	オオカミは集団で生活し、狩りをする。
She is afraid of all types of **insects**.	彼女はあらゆる種類の虫が怖い。
He **entered** the building through one of the windows.	彼は窓の一つから建物に入った。
Deanna grew up in the **countryside** on a farm.	ディアナは田舎の農場で育った。
The sign **means** that cars cannot enter.	その標識は進入禁止を意味する。
Nowadays, more and more people are working online.	近ごろではオンラインで仕事をする人が増えている。
A lot of young people took part in the volunteer **activities**.	多くの若者がそのボランティア活動に参加した。
Although she was tired, she kept working.	彼女は疲れていたが、働き続けた。
She is interested in **ancient** Greek culture.	彼女は古代ギリシャ文化に興味がある。
The professor **discussed** the economy with her students.	教授は学生たちと経済について議論した。

02
60

□ beetle [bí:tl] カブトムシ
□ spider [spáɪdər] クモ
□ bee [bí:] ミツバチ
□ butterfly [bʌ́tərflàɪ] チョウ
□ ant [ǽnt] アリ
□ mosquito [məskí:toʊ] 蚊

0261 **flavor**
[fléɪvər]
▸▸▸✎

名 風味、味

0262 **neighborhood**
[néɪbərhùd] ▲ 発音注意。

名 ① 地区、地域 ② 近所
名 neighbor 隣人、近所の人

0263 **disappointed**
[dìsəpɔ́ɪntɪd]

形 がっかりした
動 disappoint ~を失望させる
名 disappointment 失望

0264 **director**
[dəréktər]

名 ① (映画などの) 監督、ディレクター
② (組織の) 指導者、責任者
動 direct 〈映画など〉を監督する

0265 **across**
[əkrɔ́(:)s]

前 ① ~を横切って、渡って
② ~の向こう側に
▸ across from ~ (~の真向かいに) という表現も覚えておこう。

0266 **certainly**
[sə́:rtnli]

副 ① 確かに、きっと
② [返答で] もちろん、いいですよ
形 certain 確かな;ある種の、一定の

0267 **overseas**
[副 òuvərsí:z 形 óuvərsì:z]

副 海外へ、海外で (≒abroad)
形 海外の

0268 **model**
[mɑ́:dl]

名 ① (ファッション) モデル ② 模型

0269 **technology**
[teknɑ́:lədʒi]

名 (科学) 技術
形 technological 科学技術の

0270 **low**
[lóu]

形 ① 〈値段が〉 安い ② 低い (⇔high)

✎ **味覚を表す語**
flavor (風味、味) は「フレイバー」という日本語にもなっているので、覚えるのは大変ではないかもしれません。taste (味)、tasty (おいしい) という語もあわせて覚えておきましょう。ここでは味を表す形容詞を見ておきましょう。(sour は未出題語。)

Track 027

The shop sells many **flavors** of ice cream.	その店では、多くの味のアイスクリームを売っている。
I'd like to live in a quieter **neighborhood**.	私はもう少し静かな区域に住みたい。
He was **disappointed** to hear the test result.	彼はテストの結果を聞いてがっかりした。
The movie **director** won many awards last year.	その映画監督は昨年、多くの賞を受賞した。
She looked both ways before she walked **across** the street.	通りを歩いて渡る前に、彼女は左右を確認した。
There are **certainly** many sights to see in Rome.	ローマには確かに見るべき名所がたくさんある。
It is his dream to live **overseas** for a few years.	数年間海外で暮らすことが彼の夢だ。
Chloe wants to be a **model** when she grows up.	クロエは大きくなったらモデルになりたいと思っている。
New **technology** is used to make these cell phone screens.	これらの携帯電話の画面を作るのに新しい技術が使われている。
I got the motorbike at a **low** price.	私はそのバイクを安い値段で手に入れた。

□ spicy [spáɪsi] 香辛料のきいた　□ tasty [téɪsti] おいしい　□ sweet [swíːt] 甘い
□ salty [sɔ́(ː)lti] 塩辛い　□ sour [sáʊər] 酸っぱい

02 ▸ 70

0271 **storm** [stɔ́ːrm]
名 嵐
形 stormy 嵐の

0272 **recycle** [rìːsáɪkl]
動 ～を再生利用する、リサイクルする
名 recycling 再生利用

0273 **mostly** [móʊstli]
副 主に、たいてい

0274 **spot** [spɑ́ːt]
名 ① 染み、汚れ ② 場所、地点（≒place）
動 ～を見つける、～に気づく

0275 **bake** [béɪk]
動 〈パン・ケーキなど〉を焼く
► 特にオーブンで「焼く」場合に使う。
名 bakery 製パン店

0276 **engineer** [èndʒəníər] ▲アクセント注意。
名 技師、エンジニア
名 engineering 工学

0277 **reduce** [rɪd(j)úːs]
動 ～を減らす（≒decrease）（⇔increase）
名 reduction 削減

0278 **title** [táɪtl]
名 題名、タイトル

0279 **tradition** [trədíʃən]
名 伝統、慣習、しきたり
形 traditional 伝統的な

0280 **laundry** [lɔ́ːndri]
名 ① 洗濯（すること） ② 洗濯物
► do the laundryで「洗濯をする」という意味。「洗濯機」はwashing machineと言う。

気象関連の単語
storm は「嵐」。形容詞形は stormy（嵐の）となります。sunny（晴れた）、rainy（雨の）、cloudy（くもった）なども知っておくべき基本語です。ここでは準2級で登場するそれ以外の気象関連の語を見ておきましょう。

Track 028

You should stay inside when there is a bad **storm**.	ひどい嵐のときには屋内にいるべきだ。
You should **recycle** these bottles.	これらの瓶(びん)はリサイクルするべきです。
He **mostly** listens to audiobooks instead of reading regular books.	彼は、普通の本を読む代わりにたいていオーディオブックを聞く。
There were some **spots** on his shirt.	彼のシャツにはいくつか染みがあった。
She **baked** a chocolate cake for dessert.	彼女はデザートにチョコレートケーキを焼いた。
Ross is an **engineer** at a famous camera maker.	ロスは有名なカメラメーカーのエンジニアだ。
It is important for us to **reduce** waste.	私たちがごみを減らすことは重要だ。
She forgot the **title** of the documentary.	彼女はそのドキュメンタリーのタイトルを忘れた。
Their family has been continuing the **tradition** for years now.	彼らの家族はもう何年もその伝統を続けている。
Lily **does the laundry** every Sunday morning.	リリーは毎週日曜日の朝に洗濯をする。

□ weather [wéðər] 天気、天候 □ windy [wíndi] 風の強い □ sunrise [sʌ́nràɪz] 日の出
□ rainbow [réɪnbòʊ] 虹 □ thunderstorm [θʌ́ndərstɔ̀ːrm] 激しい雷雨

02
80

0281 **once** [wʌ́ns]
接 一度…したら
副 ① 1回 ② かつて

0282 **awake** [əwéɪk]
形 目が覚めて（⇔asleep）
動 目覚める
► awake-awoke/awaked-awoke(n)/awaked と活用する。

0283 **friendship** [frénd∫ìp]
名 友情、親交

0284 **reach** [ríːt∫]
動 ① ～に届く、到着する（≒get to ～, arrive at ～）
② 手を伸ばす
► 日本語で「リーチが長い」というときの「リーチ」もこれ。

0285 **worth** [wə́ːrθ]
形 ～の価値がある
▸▸▸

0286 **seed** [síːd]
名 種

0287 **forever** [fərévər]
副 永遠に

0288 **valuable** [væljuəbl]
形 貴重な、高価な
名 value 価値

0289 **remain** [rɪméɪn]
動 ① ～のままである ② 残る

0290 **day off** [dèɪ ɔ́(ː)f]
熟 休日、休み
► 会社などで平日に取る休みを指す。複数形は days off。

使い方の独特な worth

worth は形容詞ですが、使い方の変わった語です。後ろに名詞を伴って「～の価値がある」という意味を表します。後ろに名詞を伴うので、前置詞と考えることもできます。「～する価値がある」と言う場合は、後ろに *do*ing の形（動名詞）がきます。

Track 029

Once you buy this ticket, you cannot get your money back.	一度このチケットをお求めになると、払い戻しはできません。
He got home late yesterday, but the children were still **awake**.	彼は昨日帰宅が遅かったが、子どもたちはまだ**起きて**いた。
Their **friendship** has continued for eight years.	彼らの**友情**は８年間続いている。
What time does this train **reach** Osaka station?	この電車は大阪駅に何時に**着き**ますか。
This diamond is **worth** thousands of dollars.	このダイヤモンドは数千ドルの**価値がある**。
She watered the **seed** too much, and it died.	彼女は**種**に水をやりすぎて、枯らしてしまった。
We will remember his name **forever**.	私たちは彼の名前を**永遠に**忘れないだろう。
She did not know the ring was quite **valuable**.	彼女はその指輪がとても**高価なもの**だとは知らなかった。
The college library **remains** open during the summer vacation.	大学の図書館は夏休み中もずっと開い**ている**。
I want to take a **day off** next week.	来週は１日**休み**を取りたい。

Do you think these old toys are **worth** any money?（この古いおもちゃにはお金の価値があると思いますか）
後ろに名詞がくる

The Eiffel Tower is **worth** visiting.（エッフェル塔は訪れる価値がある）
後ろに動名詞がくる

02 ► 90

0291 **grass** [grǽs]

名 草、牧草

► glass（ガラス；コップ）と混同しないように注意。

0292 **thirsty** [θə́ːrsti]

形 のどが渇いた

名 thirst のどの渇き

0293 **rule** [rúːl]

名 規則、ルール

動 ～を統治する（≒govern）

名 ruler 支配者；定規

0294 **basic** [béɪsɪk]

形 基礎的な（⇔advanced）

副 basically 基本的には

名 base 基礎、ベース

0295 **wherever** [*h*weərévər]

接 どこに…しても

0296 **indoors** [ɪndɔ́ːrz]

副 屋内に［で］（⇔outdoors）

形 indoor 屋内の

▸▸▸✎

0297 **bark** [bάːrk]

動 〈犬が〉ほえる

0298 **condition** [kəndíʃən]

名 ① 状態、状況 ② 条件

形 conditional 条件つきの

0299 **regularly** [régjələrli]

副 規則的に、定期的に

形 regular 規則的な、定期的な

0300 **asleep** [əslíːp]

形 眠って（⇔awake）

► be asleep（眠っている）のように動詞の後ろで使う。

✎ **副詞の s**

indoor sports（インドアスポーツ、屋内スポーツ）のようにindoor（屋内の）は形容詞です。一方 indoors（屋内に［で］）は副詞です。この語尾の -s を「副詞の s」と呼びます。sometimes（ときどき）や always（いつも）、perhaps（もしかすると）などの語尾についているのも「副詞の s」です。ここでは「副詞の s」のついた語をまとめて見ておきましょう。

She likes to lie on the **grass**.	彼女は草の上に寝転ぶのが好きだ。
When it is hot, drink water before you get **thirsty**.	暑いときは、のどが渇く前に水を飲みなさい。
Don't break the school **rules**.	校則を破ってはいけません。
Harry can understand **basic** French.	ハリーは基本的なフランス語を理解できる。
He takes a book with him **wherever** he goes.	彼はどこへ行くにも本を持っていく。
We had to stay **indoors** because of the rain yesterday.	昨日は雨で屋内にいなければならなかった。
The dog **barked** when someone knocked on the door.	だれかがドアをノックすると、その犬はほえた。
This old painting has been kept in good **condition**.	その古い絵はよい状態に保たれている。
He goes to the gym **regularly**.	彼は定期的にジムに通っている。
When he came home, his children were already **asleep**.	彼が帰宅したとき、子どもたちはすでに眠っていた。

□ perhaps [pərhǽps] もしかすると
□ outdoors [àʊtdɔ́ːrz] 屋外に［で］
□ overseas [òʊvərsíːz] 海外へ、海外で
□ besides [bɪsáɪdz] そのうえ

03
00

0301 **blanket**
[blǽŋkət]
名 毛布

0302 **eventually**
[ɪvéntʃuəli]
副 結局は、最終的に

0303 **geography**
[ʤiɑ́ːgrəfi] ▲アクセント注意。
名 地理学

0304 **stranger**
[stréɪndʒər]
名 見知らぬ人
► I'm a stranger here.（このあたりのことは詳しくありません）という会話表現も覚えておこう。
形 strange 変な、奇妙な

0305 **danger**
[déɪndʒər]
名 危険、危険性
形 dangerous 危険な
副 dangerously 危険なほど

0306 **turn**
[tə́ːrn]
名 順番
動 ① 曲がる ② ~歳になる

0307 **ghost**
[góʊst]
名 幽霊

0308 **attack**
[ətǽk]
動 ~を襲う、攻撃する
名 攻撃

0309 **joke**
[ʤóʊk]
名 冗談
► play a joke on ~（~をからかう）という表現も覚えておこう。

0310 **cross**
[krɔ́(ː)s]
動 ① 交差する ② ~を渡る、横断する

学問名
geography は「地理学」という学問名を表す語です。geo は「土地」、graphy は「書かれたもの」を意味する語根です。学問名には -logy で終わる語や -ics で終わる語も多くあります。ここでは準 2 級で登場する学問名をまとめて見ておきましょう。

Track 031

She spread the **blanket** on the bed.	彼女はベッドの上に**毛布**を広げた。
He **eventually** succeeded as an artist after years of work.	彼は長年の努力の末、**ついに**芸術家として成功した。
He loves **geography** and is always studying maps.	彼は**地理**が好きで、いつも地図を調べている。
A **stranger** in the park started talking to me.	公園で**見知らぬ人**が話しかけてきた。
There is always **danger** when you swim in the ocean.	海で泳ぐときは常に**危険**が伴う。
It is your **turn** to take out the garbage.	あなたがごみを出す**番**です。
Some people believe that **ghosts** exist.	**幽霊**が存在すると信じている人もいる。
The soldiers were suddenly **attacked** by their enemy.	兵士たちは突然敵に**襲撃された**。
Everyone laughed at his **joke**.	みんな彼の**冗談**に笑った。
Those two streets **cross** three kilometers from here.	それら２つの通りはここから３キロのところで**交差する**。

□ biology [baɪɑ́:lədʒi] 生物学
□ electronics [ɪlèktrɑ́:nɪks] 電子工学
□ chemistry [kéməstri] 化学
□ math [mǽθ] 数学
□ psychology [saɪkɑ́:lədʒi] 心理学
□ literature [lítərətʃər] 文学
□ science [sáɪəns] 科学

03-10

0311 **opening** [óʊpnɪŋ]
名 開始、開場、開店
► opening ceremony（開会式）という表現も覚えておこう。

0312 **capital** [kǽpətl]
名 ① 首都 ② 資本

0313 **planet** [plǽnət]
名 惑星
形 planetary 惑星の

0314 **childhood** [tʃáɪldhʊ̀d]
名 子ども時代

0315 **popularity** [pɑ̀:pjəlérəti]
名 人気
形 popular 人気のある

0316 **apologize** [əpɑ́:lədʒàɪz]
動 謝る
►「〜について」は for 〜 で表す。
名 apology 謝罪

0317 **eastern** [í:stərn]
形 東の
名 east 東
►「北の」は northern、「南の」は southern、「西の」は western。

0318 **formal** [fɔ́:rməl]
形 正式の、フォーマルな（⇔informal）
副 formally 正式に

0319 **tax** [tæks]
名 税金
動 〜に課税する

0320 **act** [ǽkt]
動 ① (〜を) 演じる、演技する ② 行動する
名 action 行動
形 active 活動的な

天文関連の単語
planet は「惑星」を意味する語です。地球や火星、金星など、太陽の周りを回る天体を指します。太陽のような「恒星」は star、月のような「衛星」は satellite と言います。ここでは準 2 級で登場した天文関連の単語をまとめて見ておきましょう。

Track 032

Many people celebrated the **opening** of the museum.	多くの人々がその美術館の**開館**を祝った。
What is the **capital** of Brazil?	ブラジルの**首都**はどこですか。
What is the largest **planet** in the solar system?	太陽系で最大の**惑星**は何ですか。
Mary has a very happy **childhood**.	メアリーはとても幸せな**子ども時代**を過ごした。
The book's **popularity** surprised even the author herself.	その本の**人気**に、作家の彼女自身さえ驚いた。
You should **apologize** to everyone **for** being late.	遅れたことをみんなに**謝る**べきだよ。
Brian grew up in the **eastern** part of the United States.	ブライアンはアメリカの**東部**で育った。
I'm looking for men's **formal** wear.	私は紳士もののフォーマルウエアを探しています。
The **tax** on food in some countries is very high.	食べ物にかかる**税金**がとても高い国もある。
She is going to **act** in the play.	彼女は劇で**演じる**ことになっている。

03 ▶ 20

□ space [spéɪs] 宇宙
□ Mars [mɑ́ːrz] 火星
□ rocket [rɑ́ːkət] ロケット
□ satellite [sǽtəlàɪt] 衛星
□ astronaut [ǽstrənɔ̀ːt] 宇宙飛行士
□ Earth [ə́ːrθ] 地球

0321 **beauty** [bjú:ti]
名 美しさ
形 beautiful 美しい

0322 **design** [dɪzáɪn]
動 ～をデザインする
名 デザイン

0323 **opportunity** [ɑ̀:pərt(j)ú:nəti]
名 機会（≒chance）

0324 **theme** [θí:m] ▲発音注意。
名 テーマ、主題

0325 **few** [fjú:]
形 ほとんど～ない
► a few の項目（1072）も参照。

0326 **succeed** [səksí:d]
動 成功する（⇔fail）
名 success 成功
形 successful 成功した

0327 **disagree** [dìsəgrí:] ▲アクセント注意。
動 同意しない、異議を唱える（⇔agree）

0328 **shortage** [ʃɔ́:rtɪdʒ]
名 不足
形 short 不足した；短い

0329 **tiny** [táɪni]
形 ごく小さい（⇔huge）

0330 **housework** [háʊswə̀:rk]
名 家事

few と a few ／ little と a little

few は単独で「（数えられるものが）ほとんど～ない」という意味を表します。a がついて a few となると「（数えられるものが）少しある」という意味を表します。数えられないものについて言う場合は little と a little を使います。多いか少ないかは話者の主観です。1万円持っていても「ほとんどない」と感じる人もいれば、100円持っていても「少しはある」と感じる人もいます。

Track 033

The island is famous for its natural **beauty**.	その島は自然の**美しさ**で有名だ。
He **designed** the team's uniform.	彼はチームのユニホームを**デザインした**。
Dennis had an **opportunity** to work in Korea last year.	デニスは去年、韓国で働く**機会**があった。
What is the main **theme** of this essay?	このエッセイの主な**テーマ**は何ですか。
Few people living in the country have seen snow.	その国に住む人々で雪を見たことがある人は**ほとんどいない**。
She **succeeded** as a lawyer.	彼女は弁護士として**成功した**。
Some people **disagreed** with my idea.	何人かの人が私の考えに**異議を唱えた**。
There is a **shortage** of IT workers in the company.	その会社ではIT技術者が**不足している**。
The baby was **tiny** when it was born.	生まれたときその赤ちゃんは**とても小さかった**。
Can you help me with the **housework**?	**家事**を手伝ってくれる?

Marie has **few** friends.
(マリーにはほとんど友だちがいない)
Marie has **a few** friends.
(マリーには数人の友だちがいる)

John has **little** money.
(ジョンはほとんどお金がない)
John has **a little** money.
(ジョンは少しはお金がある)

03/30

0331 **security** [sɪkjúərəti]
名 ① 防犯、警備 ② 安全
形 secure 安全な

0332 **educational** [èʤəkéɪʃənl]
形 教育の、教育的な
名 education 教育
動 educate ～を教育する

0333 **refuse** [rɪfjú:z]
動 (～を) 拒否する、断る (⇔accept)
名 refusal 拒否

0334 **latest** [léɪtɪst]
形 最近の、最新の

0335 **represent** [rèprɪzént]
動 ① ～を表す (≒stand for ～)
② ～を代表する
名 representation 表現；代表 (すること)
名 representative 代表者

0336 **courage** [kə́:rɪʤ] ▲発音注意。
名 勇気
形 courageous 勇気のある

0337 **arrival** [əráɪvl]
名 到着
動 arrive 到着する

0338 **enough** [ɪnʌ́f] ▲発音注意。
副 十分に、必要なだけ
形 十分な
► 形容詞を修飾するときは、後ろから修飾する。

0339 **miracle** [mírəkl]
名 奇跡、奇跡的なこと
形 miraculous 奇跡的な

0340 **dull** [dʌ́l]
形 ① 退屈な
(≒boring, unexciting) (⇔exciting)
② 鈍い、切れ味の悪い

enough の使い方
enough は副詞の使い方に注意が必要です。形容詞を修飾する副詞は、多くの場合、形容詞の前に置かれますが、enough は後ろに置かれるのです。

The building introduced a new **security** system.	そのビルは新しい**防犯**システムを導入した。
The TV program about the human body is very **educational**.	人体に関するそのテレビ番組はとても**教育的**だ。
David offered to help her, but she **refused**.	デイヴィッドは彼女を手伝おうと申し出たが、彼女は**断った**。
The radio station plays the **latest** rock music.	そのラジオ局は**最新の**ロック音楽を流している。
One centimeter on this map **represents** 500 meters.	この地図の１センチは 500 メートルを**表している**。
It takes a lot of **courage** to speak in front of many people.	多くの人の前で話すのはとても**勇気**がいる。
She is excited for the **arrival** of her brother.	彼女は兄の**到着**を楽しみにしている。
The plate is not clean **enough** to put food on.	その皿は、食べ物を載せるには**十分**にきれいではない。
It is a **miracle** that he survived the car accident.	彼がその交通事故で生き残ったのは**奇跡的**だ。
The movie was really **dull**, wasn't it?	その映画は本当に**退屈**だったね。

This room is **really** large.（この部屋は非常に広い）

形容詞を前から修飾

This room is large **enough** to put three beds.（この部屋はベッドを３つ置くのに十分な広さだ）

形容詞を後ろから修飾

0341 **freezing** [fríːzɪŋ]

形 非常に寒い、凍りそうな
動 freeze 凍る
名 freezer 冷凍庫

0342 **resemble** [rɪzémbl]

動 ～に似ている
(≒be similar to ～)(⇔differ from ～)
名 resemblance 類似

0343 **sort** [sɔ́ːrt]

名 種類(≒kind)

0344 **unlock** [ʌ̀nlɑ́ːk]

▸▸▸

動 ～のかぎを開ける(⇔lock)

0345 **refresh** [rɪfréʃ]

動 〈人〉の気分をすっきりさせる
名 refreshment 気分転換

0346 **ache** [éɪk]

動 (体の一部が鈍く)痛む
名 痛み
► headache(頭痛)、stomachache(腹痛)、toothache(歯痛)などのように別の語と組み合わせても使われる。

0347 **tremble** [trémbl]

動 〈人・声などが〉震える

0348 **govern** [gʌ́vərn]

動 ～を統治する、治める(≒rule, administer)
名 government 政府;政治
形 governmental 政府の

0349 **overcome** [òuvərkʌ́m]

動 〈困難など〉を乗り越える、克服する
(≒get over)
► overcome-overcame-overcome と活用する。

0350 **annual** [ǽnjuəl]

形 年1回の
副 annually 年に1回

否定を表す接頭辞(1)

unlock(～のかぎを開ける)は、「かぎをかける」という意味のlockに否定を表す接頭辞un-がついてできた語です。否定を表す接頭辞in-やun-を知っていれば、初めて目にする語でも意味を簡単に推測できる場合が増えます。ここでは否定を表す接頭辞un-のついた語を見ておきましょう。(in-は後ろにくる子音によって、im-やil-などに変化する場合があります。)

It's **freezing**, so you can't go outside to play today.	今日はとても寒いから、外に遊びに行けないよ。
Your eyes **resemble** your grandmother's.	あなたの目はおばあさんのに似ている。
What **sort** of TV shows do you like to watch?	あなたはどんな種類のテレビ番組を見るのが好きですか。
Use this key to **unlock** the door.	ドアを開けるにはこのかぎを使ってください。
Taking a shower will **refresh** you.	シャワーを浴びたらさっぱりしますよ。
My back **ached** after sitting for too long.	あまりに長い時間座っていて背中が痛くなった。
His voice **trembled** when he called the police.	警察に電話したとき、彼の声は震えた。
She **governed** the country during the war.	彼女は戦争中、国を統治した。
We believe that you can **overcome** this illness.	あなたがこの病気に打ち勝つことができると私たちは信じています。
Their family has an **annual** Christmas party.	彼らの家族は毎年クリスマスパーティーを開く。

03/50

□ unable [ʌnéɪbl] できない　□ unhappy [ʌnhǽpi] 悲しい、不満な
□ unusual [ʌnjúːʒuəl] 普通でない、珍しい　□ unhealthy [ʌ̀nhélθi] 不健康な；健康に悪い
□ unfortunately [ʌnfɔ́ːrtʃənətli] 不幸にも、残念ながら

0351 **treasure**
[tréʒər] ▲ ea の発音に注意。
名 宝もの、財宝

0352 **pressure**
[préʃər]
名 (精神的な) 圧迫、プレッシャー ② 圧力

0353 **show**
[ʃóʊ]
動 ① ～を示す ② ～を見せる、案内する ③ 〈方法・道など〉を教える
► show-showed-shown と活用する。

0354 **criticize**
[krítəsàɪz]
動 ～を批判する
形 critical 批評の
名 criticism 批評、批判

0355 **disaster**
[dɪzǽstər]
名 ① 大惨事、大失敗 ② 災害

0356 **horizon**
[həráɪzn]
名 地平線、水平線
形 horizontal 水平の

0357 **penalty**
[pénəlti] ▲ アクセントは pe の位置。
名 刑罰、罰金

0358 **audition**
[ɔːdíʃən]
名 オーディション、試演

0359 **capacity**
[kəpǽsəti]
名 収容能力、定員

0360 **shine**
[ʃáɪn]
動 輝く
名 光、輝き
► shine-shone-shone と活用する。

自然を表す語 (1)
horizon は「地平線」と「水平線」の両方を指しますが、2015 年度の試験では「水平線」の意味で出題されています。ここでは準 2 級で出題された、特に海に関する語をまとめて見ておきましょう。

They were searching for **treasure** on the island.	彼らはその島で宝物を探していた。
She felt a lot of **pressure** to win the contest.	彼女はコンテストで優勝しなければならないという大きなプレッシャーを感じていた。
The survey **showed** that the residents did not want a new stadium.	その調査によって、住民が新しいスタジアムを望んでいないことが示された。
Journalists **criticized** the prime minister for his rude comments.	ジャーナリストたちは首相の失礼な発言を批判した。
My trip to Boston was a **disaster** because of the weather.	ボストンへの旅行は、天候のせいで最悪だった。
The morning sun shines above the **horizon**.	朝日が地平線の上に輝いている。
Send the documents by Friday to avoid **penalties**.	罰金を避けるため、金曜日までに書類を送付すること。
Tomorrow she will have an **audition** to be in the dance group.	明日、彼女はそのダンスグループに入るためにオーディションを受ける。
The gym has a **capacity** of over 2,000 people.	その体育館は、2000 人以上の収容能力がある。
The sun was **shining** brightly above us.	太陽が私たちの上で明るく輝いていた。

□ ocean [óuʃən] 海、大洋　□ bay [béɪ] 湾　□ coast [kóust] 海岸　□ seashore [síːʃɔ̀ːr] 海辺
□ beach [bíːtʃ] ビーチ、砂浜

0361 **ancestor**
[ǽnsestər] ▲ アクセント注意。
名 祖先、先祖（⇔descendant）

0362 **ideal**
[aɪdíːəl]
形 理想的な
名 理想
副 ideally 理想的に

0363 **would**
[wʊd]
▸▸▸
助（よく）～したものだ

0364 **anger**
[ǽŋgər]
名 怒り
形 angry 怒った
副 angrily 怒って

0365 **chatter**
[ʧǽtər]
動 ぺちゃくちゃしゃべる
名 無駄話、おしゃべり
動 名 chat おしゃべりをする；おしゃべり

0366 **wound**
[wúːnd] ▲ ou の発音に注意。
動 ～を傷つける、負傷させる（≒injure）
名 傷、けが
► be wounded で「けがをする」という意味。

0367 **deadline**
[dédlàɪn]
名 締め切り

0368 **scold**
[skóʊld]
動 ～を叱る

0369 **oversleep**
[òʊvərslíːp]
動 寝過ごす、寝坊する
► oversleep-overslept-overslept と活用する。

0370 **propose**
[prəpóʊz]
動 ① 結婚を申し込む、プロポーズする
② ～を提案する（≒suggest）
名 proposal 提案

would と used to の違い

would の「（よく）～たものだ」という意味（過去の習慣）は used to *do* でも表すことができます。

○ We **used to** swim in the pool together when we were little.

○ We **would** swim in the pool together when we were little.

（私たちは幼いころ一緒にプールで泳いだものだ）

Track 037

His **ancestors** came from a small village in Italy.	彼の先祖はイタリアの小さな村の出身だ。
This park is **ideal** for having a picnic.	この公園はピクニックをするのに理想的だ。
The kids **would** always play at the park until dark.	子どもたちはいつも暗くなるまで公園で遊んだものだった。
Tom is good at controlling his **anger**.	トムは怒りを抑えるのがうまい。
She **chattered** with friends at a coffee shop for hours.	彼女は喫茶店で友だちと何時間もおしゃべりをした。
I fell off my bike and **was wounded**.	私は自転車から落ちてけがをした。
The **deadline** for the report is May 12.	レポートの締め切りは5月12日だ。
The teacher **scolded** them for fighting in the classroom.	教師は教室でけんかしていた彼らを叱った。
Alex **overslept** because he forgot to set an alarm.	アレックスは目覚ましをかけ忘れたため、寝坊した。
Mike **proposed** to his girlfriend last week.	マイクは先週、ガールフレンドにプロポーズした。

03
70

しかし、used to *do* は「過去の状態」も表すことができますが、would は「状態」を表すことはできません。
○There **used to** be an old movie theater there.
×There **would** be an old movie theater there.
(そこにはかつて古い映画館があった)

0371 **demonstrate** [démənstrèɪt]
動 ① ～を実演する ② ～を証明する
名 demonstration 実演；証明

0372 **smoke** [smóʊk]
名 煙
動 たばこを吸う
名 smoker 喫煙者

0373 **relief** [rɪlíːf]
名 ① 安心、ほっとすること ② 救援、救助
動 relieve 〈不安・苦痛〉を和らげる

0374 **amuse** [əmjúːz]
動 ～を楽しませる
形 amusing 面白い
名 amusement 娯楽

0375 **casually** [kǽʒuəli]
副 略式に、くだけて
形 casual 〈服装などが〉形式ばらない

0376 **occupied** [ɑ́ːkjəpàɪd]
形 （部屋・座席などが）占有された、使用中の
動 occupy ～を占める

0377 **objective** [əbdʒéktɪv]
名 目的、目標（≒aim, goal, purpose, target）
形 客観的な（⇔subjective）
名 object 物体、対象
副 objectively 客観的に

0378 **assistance** [əsístəns]
名 助け、援助
動 assist ～を援助する
名 assistant 助手、アシスタント

0379 **import** [動 ɪmpɔ́ːrt 名 ímpɔːrt]
動 ～を輸入する（⇔export）
名 輸入（⇔export）

0380 **age** [éɪdʒ]
名 年齢

文法問題を攻略する (3)
次の予想問題を解いてみましょう。
According to the forecast (　　　) last night, temperatures will be below normal all week next week.
1 releasing　2 to be released　3 released　4 to have released

The instructor **demonstrated** how to use the tool.	インストラクターは道具の使い方を実演した。
Smoke was rising from the burning house.	燃えている家から煙が上がっていた。
It was a great **relief** that the test was over.	試験が終わってとてもほっとした。
He **amused** the children by doing some magic tricks.	彼はいくつかの手品をして子どもたちを楽しませた。
The workers had a chance to talk **casually** with the president.	労働者たちは社長と気軽に話す機会があった。
All the seats on the bus were **occupied**, so he had to stand.	バスの座席はすべて埋まっていたので、彼は立たなければならなかった。
First, we need to set the **objective** of this project.	まず、このプロジェクトの目的を定めなければならない。
Thank you for your kind **assistance**.	親切に手伝ってくれてありがとう。
They **import** a lot of food from foreign countries.	彼らは多くの食品を外国から輸入している。
At what **age** did you start playing the violin?	あなたは何歳のときにヴァイオリンを弾き始めましたか。

According to（～によると）の後ろには名詞がくるので、カンマまでは節（主語＋動詞を含むカタマリ）にはなりません。だとすると、空欄には動詞ではなく、the forecast（予報）を修飾する語句が入ることになります。正解は 3。過去分詞が他の語句（ここでは last night）と共に後ろから名詞を修飾する形も 2019 年、2021 年と比較的頻繁に出題されています。「昨夜発表された予報によると、来週は一週間を通して気温が平年を下回る。」
the forecast [released last night]（昨夜発表された予報）

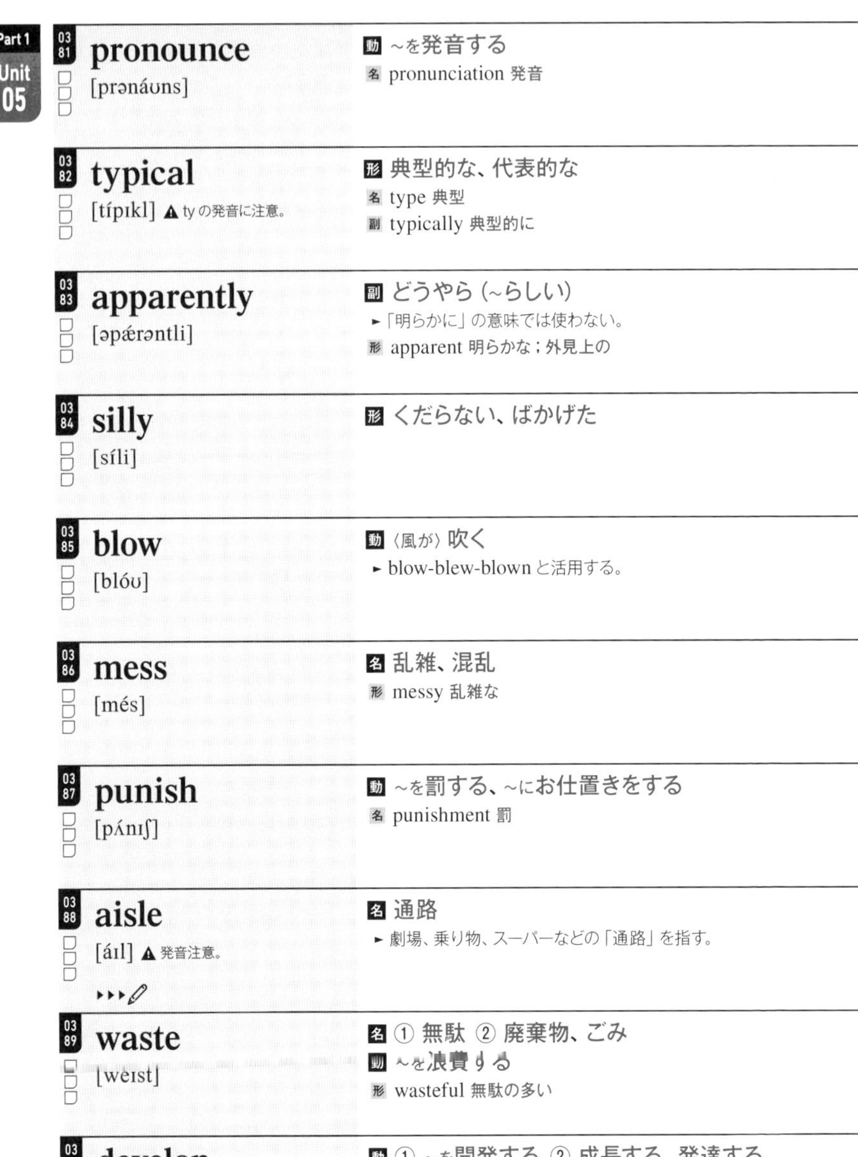

0381 **pronounce** [prənáʊns]
動 ～を発音する
名 pronunciation 発音

0382 **typical** [típɪkl] ▲ ty の発音に注意。
形 典型的な、代表的な
名 type 典型
副 typically 典型的に

0383 **apparently** [əpǽrəntli]
副 どうやら（～らしい）
►「明らかに」の意味では使わない。
形 apparent 明らかな；外見上の

0384 **silly** [síli]
形 くだらない、ばかげた

0385 **blow** [blóʊ]
動 〈風が〉吹く
► blow-blew-blown と活用する。

0386 **mess** [més]
名 乱雑、混乱
形 messy 乱雑な

0387 **punish** [pʌ́nɪʃ]
動 ～を罰する、～にお仕置きをする
名 punishment 罰

0388 **aisle** [áɪl] ▲ 発音注意。
名 通路
► 劇場、乗り物、スーパーなどの「通路」を指す。

0389 **waste** [weɪst]
名 ① 無駄 ② 廃棄物、ごみ
動 ～を浪費する
形 wasteful 無駄の多い

0390 **develop** [dɪvéləp]
動 ① ～を開発する ② 成長する、発達する
名 development 開発；発達

飛行機関連の語

aisle は「通路」という意味で、飛行機のチケットを買うとき Do you prefer the window or the aisle seat?（窓側と通路側のどちらの座席がよろしいですか）といった形で使うこともあります。またスーパーマーケットなどの「通路」も意味します。s を発音しないので注意が必要です。ここでは準 2 級で出題された、飛行機に関する語をまとめて見ておきましょう。

Do you know how to **pronounce** this Spanish word?	このスペイン語の発音の仕方を知っていますか。
She made a **typical** mistake for beginners.	彼女は初心者にありがちな間違いをした。
Apparently, there was a traffic accident near here this morning.	どうやら今朝、この近くで交通事故があったらしい。
The boys often say **silly** things.	その男の子たちはよくくだらないことを言っている。
A cold wind is **blowing** from the north.	北から冷たい風が吹いている。
My brother's room is always a **mess**.	弟の部屋はいつも散らかっている。
She **punished** her son by taking his cell phone away.	彼女はお仕置きに息子の携帯電話を取り上げた。
She always sits in the **aisle** seat when she flies.	飛行機に乗るときは彼女はいつも通路側の席に座る。
It's a **waste** of time and money.	それは時間とお金の無駄だ。
They **developed** a new vaccine for the flu.	彼らはインフルエンザ用の新しいワクチンを開発した。

□ airline [éərlàɪn] 航空会社
□ terminal [tə́ːrmənl] ターミナル（ビル）
□ runway [rʌ́nwèɪ] 滑走路
□ flight attendant [fláɪt ətèndənt] 客室乗務員
□ boarding pass [bɔ́ːrdɪŋ pæ̀s] 搭乗券

0391 **image**
[ímɪʤ] ▲ 発音・アクセント注意。
▸▸▸✎

名 ① 映像、画像 ② イメージ、印象

0392 **offer**
[ɔ́(:)fər]

動 ① ～を提供する ② ～を申し出る
名 ① 提供 ② 申し出
▸ offer to *do*（～しようと申し出る）という表現も覚えておこう。

0393 **serve**
[sə́ːrv]

動 ①〈飲食物〉を出す ② ～に仕える
名 service サービス、事業

0394 **interview**
[íntərvjùː]

名 ① 面接 ② インタビュー
動 ～にインタビューする
名 interviewer 面接官
名 interviewee 面接 [インタビュー] を受ける人

0395 **explain**
[ɪkspléɪn]

動 ～を説明する
名 explanation 説明

0396 **follow**
[fɑ́ːloʊ]

動 ① ～に従う ② ～のあとをついていく
形 following 次の、続く

0397 **gather**
[gǽðər]

動 ① 集まる ② ～を集める
名 gathering 集まり、集会

0398 **license**
[láɪsəns]

名 免許(証)

0399 **strike**
[stráɪk]

動 ①〈ボールなど〉を打つ、ける ② ぶつかる
②〈嵐・病気などが〉～を襲う
▸ strike-struck-struck と活用する。

0400 **escape**
[ɪskéɪp]

動（～を）逃れる

✎ **アクセントも正しく覚える**
p. 024 ではカタカナ発音に気をつけましょうと述べましたが、カタカナ語に引きずられてアクセントの位置を違えて覚えてしまうのも、特にリスニングでは知らない語に聞こえてしまうので危険です。MP3 音声を参考に、アクセントの位置を強く読みながら覚えるようにしましょう。ここではアクセント要注意語をいくつか取り上げます。

2024年度からの英検®リニューアル内容（日本英語検定協会 HP より転載）

<table>
<tr><th rowspan="3">級</th><th colspan="4">一次試験</th><th>二次試験</th></tr>
<tr><th colspan="3">筆記試験</th><th rowspan="2">Listening</th><th rowspan="2">Speaking</th></tr>
<tr><th>Reading</th><th>Writing</th><th>試験時間</th></tr>
<tr><td>1級</td><td>41問→35問
・大問 1: 短文の語句空所補充
→ 3 問削除（単語問題）
・大問 3: 長文の内容一致選択
→ 3 問削除（設問 No. 32-34）</td><td rowspan="3">英作文問題の出題を1題から2題に増加

既存の「意見論述」の出題に加え、「要約」問題を出題</td><td>変更なし
（100 分）</td><td>変更なし</td><td>変更なし</td></tr>
<tr><td>準1級</td><td>41問→31問
・大問 1: 短文の語句空所補充
→7 問削除（単語問題）
・大問 3: 長文の内容一致選択
→3 問削除（設問 No. 32-34）</td><td>変更なし
（90 分）</td><td>変更なし</td><td>受験者自身の意見を問う質問（No. 4）に話題導入文を追加</td></tr>
<tr><td>2級</td><td>38問→31問
・大問 1: 短文の語句空所補充
→3 問削除（文法問題など）
・大問 3B: 長文の内容一致選択
→4 問削除（設問 No. 30-33）</td><td>変更なし
（85 分）</td><td>変更なし</td><td>変更なし</td></tr>
<tr><td>準2級</td><td>37問→29問
・大問 1: 短文の語句空所補充
→5 問削除（熟語・文法問題など）
・大問 3B: 長文の語句空所補充
→3 問削除（設問 No. 28-30）</td><td rowspan="2">英作文問題の出題を1題から2題に増加

既存の「意見論述」の出題に加え、「Eメール」問題を出題</td><td>時間延長
（75→80 分）</td><td>変更なし</td><td>変更なし</td></tr>
<tr><td>3級</td><td>変更なし</td><td>時間延長
（50→65 分）</td><td>変更なし</td><td>変更なし</td></tr>
</table>

Track 040

The photo **image** was not very clear.	その写真の画像はあまり鮮明ではなかった。
The restaurant **offers** a student discount.	そのレストランでは学割を提供している。
The restaurant **serves** Mexican food.	そのレストランはメキシコ料理を出す。
I have a job **interview** tomorrow.	私は明日、就職の面接を受ける。
She **explained** to her parents how to use a smartphone.	彼女は両親にスマートフォンの使い方を説明した。
You should **follow** your parents' advice.	あなたはご両親の忠告に従うべきだ。
A lot of young musicians **gathered** to attend the event.	多くの若いミュージシャンがそのイベントに参加するために集まった。
I got my driver's **license** last week.	私は先週、運転免許証を取得した。
Becky **struck** the ball with the bat.	ベッキーはバットでボールを打った。
People jumped into the ocean to **escape** the fire.	人々は火事から逃れるために海に飛び込んだ。

□ career [kəríər] 職業
□ delicate [délɪkət] 壊れやすい、繊細な
□ penalty [pénəlti] 刑罰、罰金
□ comment [kɑ́ːment] 論評、コメント
□ advice [ədváɪs] 助言、アドバイス

0401 **guard** [gɑ́ːrd] ▲発音注意。
□□□
動 (害・危険から) ～を守る、保護する
名 警備員
► 「ガードマン」は和製英語。英語では guard だけでよい。

0402 **origin** [ɔ́ːrəʤɪn]
□□□
名 起源
形 original 元の、本来の
名 originality 独創性

0403 **fairly** [féərli]
□□□
副 ① かなり (≒quite, pretty) ② 公平に
形 fair 公平な

0404 **freedom** [fríːdəm]
□□□
名 自由
形 free 自由な

0405 **victory** [víktəri]
□□□
►►►
名 勝利

0406 **recently** [ríːsntli]
□□□
副 最近、近ごろ
► 過去形または現在完了形の動詞と共に使う。
形 recent 最近の

0407 **guess** [gés]
□□□
動 ～を推測する、…ではないかと思う
名 推測

0408 **introduce** [ìntrəd(j)úːs]
□□□
動 ① ～を紹介する ② ～を導入する
名 introduction 紹介；導入

0409 **rent** [rént]
□□□
動 ① ～を借りる、賃借する
② ～を貸す、賃貸する
► for rent (貸しに出されている) という表現も覚えておこう。
形 rental 賃貸の、レンタルの

0410 **pack** [pǽk]
□□□
動 ① ～を詰める ② ～に (荷物を) 詰める
名 包み、パック

スポーツ関連の語 (1)

victory は対戦者や敵を打ち負かすこと。いわゆる「V サイン」はこの単語の頭文字から来ています。準 2 級では surfing (サーフィン) や hockey (ホッケー)、rugby (ラグビー)、marathon (マラソン)、fitness (フィットネス)、yoga (ヨガ)、rock climbing (ロッククライミング)、scuba diving (スキューバダイビング) など非常に多様なスポーツが登場します。ここでは準 2 級で出題された、スポーツの関連用語を見ておきましょう。

Track
041

They got a dog to **guard** their house.	彼らは家の番をする犬を飼った。
The professor is studying the **origins** of life.	その教授は生命の起源を研究している。
He is **fairly** likely to win the race.	彼がそのレースに勝つ可能性はかなり高い。
We have **freedom** of expression.	私たちには表現の自由がある。
The soccer team had a party to celebrate their **victory**.	そのサッカーチームは勝利を祝うパーティーを開いた。
Claire has been busy with work **recently**.	クレアは最近仕事が忙しい。
I **guess** it's a good way to relax.	それはリラックスするよい方法ではないかと思う。
I'll **introduce** you to the team members.	チームのメンバーにあなたのことを紹介しましょう。
The artist **rents** a studio to work in.	その芸術家は作業をするためのアトリエを借りている。
He **packed** his clothes in the suitcase.	彼はスーツケースに服を詰めた。

04
10

□ tournament [túərnəmənt] トーナメント
□ winner [wínər] 勝者
□ trophy [tróufi] トロフィー
□ teamwork [tíːmwə̀ːrk] チームワーク
□ championship [tʃǽmpiənʃìp] 選手権

0411 **support** [səpɔ́:rt]
動 ① ～を支援する、支持する ② ～を養う
名 支援、支持
名 supporter 支持者、サポーター

0412 **drop** [drɑ́:p]
動 ① ～を落とす ② 落ちる
名 しずく

0413 **memory** [méməri]
名 ① 記憶力 ② 思い出
形 memorial 記念の、追悼の
動 memorize ～を記憶する

0414 **opinion** [əpínjən]
名 意見

0415 **measure** [méʒər]
動 ～を測定する
名 ① 寸法、大きさ ② [複数形で] 対策、手段
名 measurement 測定

0416 **height** [háɪt] ▲ 発音注意。
名 高さ
形 high 高い

0417 **sail** [séɪl]
動 ① 〈人が〉船を操縦する
② 〈船が〉航行する、出航する
名 帆
名 sailor 船乗り

0418 **require** [rɪkwáɪər]
動 ① ～を必要とする
② ～を要求する (≒demand)
形 required 必須の
名 requirement 要件

0419 **region** [rí:dʒən]
名 (広い) 地域、地方
形 regional 地域の

0420 **journey** [dʒə́:rni]
名 旅、旅行
► 比較的期間の長い陸路の旅を指す。

旅行関連の語

journey は比較的長い陸路の「旅」を指します。(travel、trip などとの違いは p.056 を参照してください。)
準 2 級では旅行の場面も多数登場するので、旅行関連の語をここでまとめて見ておきましょう。

Track 042

A lot of volunteers are **supporting** the activity.	多くのボランティアがその活動を支援している。
She **dropped** an egg on the floor.	彼女は床に卵を落とした。
The girl has a good **memory**.	その少女は記憶力がいい。
I'd like your **opinion** about our project.	私たちのプロジェクトに関するご意見をいただきたいのですが。
She **measured** her window before buying new curtains.	彼女は、新しいカーテンを買う前に窓のサイズを測った。
The **height** of the tower is 60 meters.	そのタワーの高さは60メートルだ。
Mario learned how to **sail** last summer.	昨年の夏、マリオは船の操縦方法を習った。
This job **requires** a lot of skills and experience.	この仕事は多くの技能と経験を必要とする。
Oranges grow well in this **region**.	この地域ではオレンジがよく育つ。
She took a **journey** around the world.	彼女は世界一周の旅に出た。

04
20

□ sightseeing [sáɪtsìːɪŋ] 観光　□ tourist [tʊ́ərɪst] 観光客　□ resort [rɪzɔ́ːrt] 行楽地、リゾート
□ passport [pǽspɔ̀ːrt] パスポート　□ suitcase [súːtkèɪs] スーツケース

0421 **excuse**
[動 ɪkskjúːz 名 ɪkskjúːs]
動 ~を許す、容赦する
名 言い訳

0422 **honest**
[ɑ́ːnəst] ▲発音注意。
形 正直な、率直な (⇔dishonest)
副 honestly 正直に
名 honesty 正直さ

0423 **mention**
[ménʃən]
動 ~について言及する (≒refer to ~)
► 後ろに直接、目的語がくることに注意。mention about ~ とは言わない。

0424 **ignore**
[ɪgnɔ́ːr]
動 ~を無視する
形 ignorant 無知な、意識しない
名 ignorance 無知

0425 **object**
[名 ɑ́ːbʤɪkt 動 əbʤékt]
名 ① もの、物体 ② 目的
動 反対する (≒disagree)
名 objection 反対
形 objective 客観的な

0426 **deeply**
[díːpli]
副 深く
形 deep 深い

0427 **influence**
[ínfluəns] ▲アクセント注意。
名 影響
動 ~に影響を及ぼす
形 influential 影響力の強い

0428 **finally**
[fáɪnəli]
副 ついに、やっと (≒at last)
形 final 最後の

0429 **match**
[mǽʧ]
動 ~と調和する、~に似合う (≒go with ~)
名 試合

0430 **protect**
[prətékt]
動 ~を守る、保護する
名 protection 保護
形 protective 保護の

文法問題を攻略する (4)
次の予想問題を解いてみましょう。
She wanted to do the math assignment by herself, but (　　　) it was quite complex, she had to ask her sister for help.
1 while　2 unless　3 though　4 as

I hope you'll **excuse** me for being so late.	こんなに遅くなってしまったことを許してください。
Thank you for your **honest** advice.	率直な忠告をありがとう。
This is the shop Jim **mentioned** the other day.	これが先日ジムが言っていた店だ。
Many people on bicycles **ignore** the rules.	自転車に乗っている多くの人がルールを無視している。
What is that small **object** on the table?	テーブルの上のあの小さなものは何ですか。
Jennifer breathed **deeply** to calm down.	ジェニファーは落ち着くために深く息を吸った。
The book had a great **influence** on her.	その本は彼女に大きな影響を与えた。
I **finally** passed the test on the third try.	私は３回目の挑戦でやっとテストに合格した。
Those earrings **match** your clothes perfectly.	そのイヤリングはあなたの服装にぴったり合っていますね。
He wore a long-sleeved shirt to **protect** his skin from the sun.	日光から肌を守るために、彼は長袖のシャツを着ていた。

選択肢に並んでいるのは接続詞です。but の前までは「彼女は数学の課題を自分でやりたかった」という意味。it was quite complex（かなり複雑だった）と she had to ask her sister for help.（姉に助けを求めなければならなかった）との間の関係を考えると、「かなり複雑だった」が「姉に助けを求めなければならなかった」《理由》になっているとわかります。理由を表す４ as が正解です。「彼女は数学の課題を自分でやりたかったが、かなり複雑だったので、姉に助けを求めなければならなかった。」

0431 **prize** [práɪz]
名 賞、賞金

0432 **expect** [ɪkspékt]
動 ① ～を予期する、予想する
② ～を期待する
名 expectation 予想；期待

0433 **save** [séɪv]
▸▸▸
動 ① ～を蓄える ② ～を節約する
③ ～を救う（≒rescue）
名 savings 預金

0434 **contact** [kɑ́ːntækt]
動 ～に連絡する
名 連絡、接触
► 後ろに直接、目的語がくることに注意。contact with ～とは言わない。

0435 **weigh** [wéɪ] ▲ 発音注意。
動 ～の重さがある
名 weight 重さ

0436 **receive** [rɪsíːv]
動 ～を受け取る（⇔give）
名 receipt 領収書
名 reception 受け取ること；受付

0437 **promise** [prɑ́ːməs]
動 ～を約束する
名 約束
► promise that …（…と約束する）、promise to *do*（～することを約束する）の形で覚えておこう。

0438 **remove** [rɪmúːv]
動 ～を取り除く、除去する（≒take away）
名 removal 除去

0439 **nearly** [níərli]
副 ほとんど、もう少しで（≒almost）

0440 **stretch** [strétʃ]
動 ①〈手足など〉を伸ばす；ストレッチをする
②〈弾力性のあるものなど〉を伸ばす

save の意味
パソコンで「データをセーブする」という言い方を聞いたことはあるでしょうか。これはデータを「（あとで使えるように）パソコンや記憶媒体に保存する」ことです。英語の save には多くの意味がありますが、準 2 級で登場した「～を蓄える」「～を節約する」「～を救う」の意味を覚えておきましょう。

Track 044

She won a special **prize** in the photo contest.	彼女は写真コンテストで特別賞を受賞した。
More people came to the festival than they had **expected**.	彼らが予想した以上に多くの人々がフェスティバルを訪れた。
He is **saving** money to buy a new guitar.	彼は新しいギターを買うためにお金を貯めている。
Pete only **contacts** his company by email.	ピートは自分の会社にメールでしか連絡しない。
Blue whales can **weigh** up to 200 tons.	シロナガスクジラの体重は 200 トンになることもある。
I **received** a package from Australia.	私はオーストラリアからの小包を受け取った。
She **promised** her parents that she would do her best on the next exam.	彼女は両親に次の試験で全力を尽くすと約束した。
They had to **remove** fallen trees after the storm.	嵐のあと、彼らは倒木を除去しなければならなかった。
Lisa used **nearly** all her savings when she got sick.	リサは、病気になったときにほとんどすべての貯金を使った。
You should **stretch** your leg muscles before running.	走る前に脚の筋肉を伸ばしなさい。

04 ▸ 40

Let's switch trains to **save** time.（時間を節約するために電車を乗り換えよう）
The man thanked the soldiers for **saving** his life.（男性は自分の命を救ってくれた兵士たちに感謝した）

0441 **complete** [kəmplíːt]

形 完全な（⇔incomplete）
動 ～を完成させる
副 completely 完全に
名 completion 完成

0442 **partner** [pɑ́ːrtnər]

名 ① パートナー、（行動を共にする）相手
② 配偶者、恋人

0443 **replace** [rɪpléɪs]

動 ① ～を取り換える ② ～に取って代わる
名 replacement 取り換え；代替品

0444 **block** [blɑ́ːk]

動 ～を妨害する、ふさぐ
名 区画、ブロック

0445 **method** [méθəd]

名 方法

0446 **surprise** [sərpráɪz]

名 ① 驚き、意外なこと
② 思いがけないプレゼント
動 ～を驚かせる
► surprised の項目（0797）も参照。

0447 **lock** [lɑ́ːk]

動 ～にかぎをかける（⇔unlock）
名 （戸などを閉めておく）錠（じょう）

0448 **purpose** [pə́ːrpəs]

名 目的（≒goal）

0449 **survive** [sərváɪv]

動 （～を）生き残る（⇔die, pass away）
名 survival 生き残ること

0450 **separate** [動 sépərèɪt 形 sépərət]

動 ① ～を分ける ② ～を引き離す
形 別々の
副 separately 別々に、離れて

lock と key

lock は「～にかぎをかける」という意味。日本語でも「ロックする」と言いますね。lock には名詞の意味もありますが、「かぎ」ではなく「錠」という意味です。「かぎ」は英語では key と言います。lock することを忘れることはありますが、会社に置き忘れるのは key です。lock と key はどう違うのか？ 右ページのイラストで確認してください。

Track 045

She told her students to speak in **complete** sentences.	彼女は生徒たちに**完全な**文で話すように言った。
She is my tennis **partner**.	彼女は私のテニスの**パートナー**だ。
They **replaced** the old light bulb with a new one.	彼らは古い電球を新しいものに**取り換えた**。
A big rock **blocked** the road.	大きな岩が道を**ふさいでいた**。
There are many **methods** to study a new language.	新しい言語を勉強するには、たくさんの**方法**がある。
The news was a total **surprise** to everyone.	そのニュースはだれにとっても大きな**驚き**だった。
Don't forget to **lock** the door when you go out.	出かけるときはドアに**かぎをかける**のを忘れないでください。
The **purpose** of exercise is to keep your body healthy.	運動の**目的**は体を健康に保つことだ。
The plant can **survive** for months without water.	その植物は水なしに数か月**生き延びる**ことができる。
We **separate** garbage into three types.	私たちはごみを３つのタイプに**分けている**。

key lock

04 ▸
50

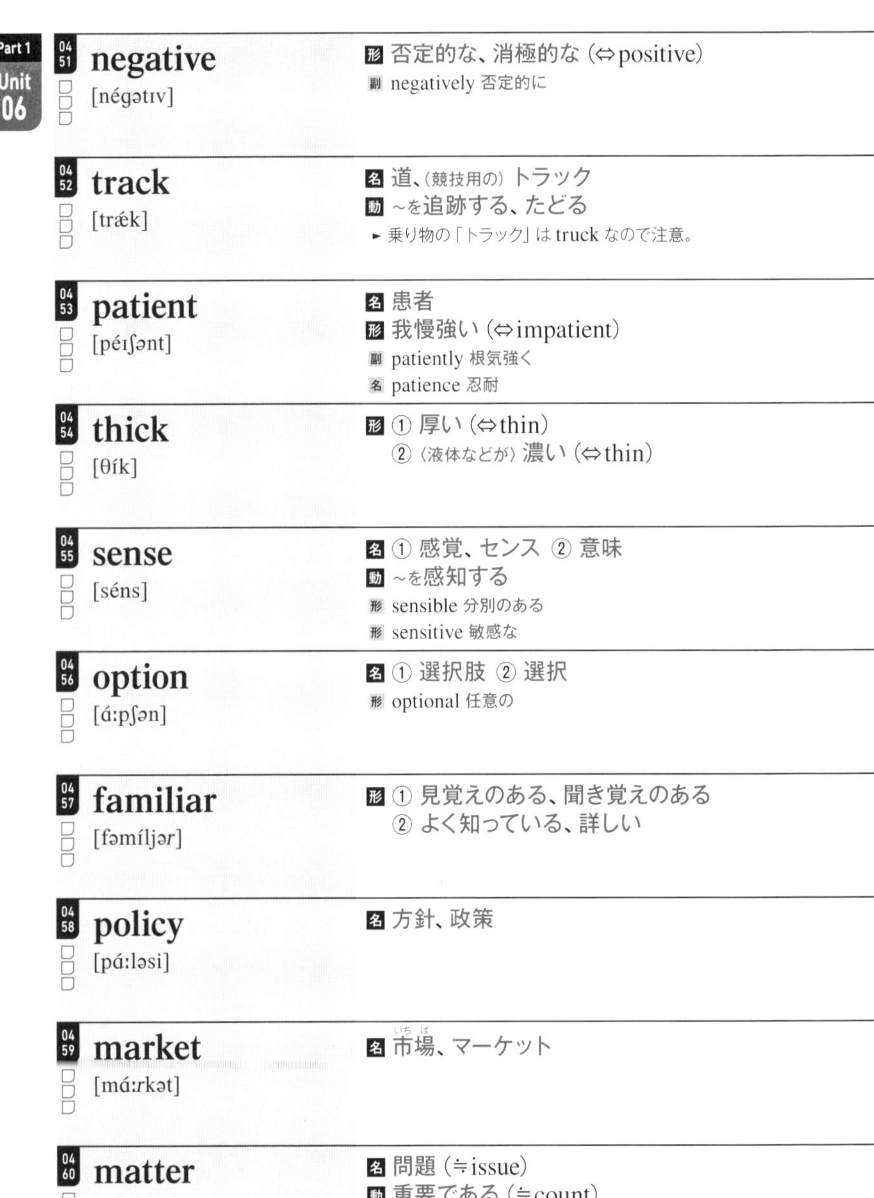

0451 **negative** [négətɪv]
- 形 否定的な、消極的な（⇔positive）
- 副 negatively 否定的に

0452 **track** [trǽk]
- 名 道、（競技用の）トラック
- 動 ～を追跡する、たどる
- ► 乗り物の「トラック」は truck なので注意。

0453 **patient** [péɪʃənt]
- 名 患者
- 形 我慢強い（⇔impatient）
- 副 patiently 根気強く
- 名 patience 忍耐

0454 **thick** [θík]
- 形 ① 厚い（⇔thin）
  ② 〈液体などが〉濃い（⇔thin）

0455 **sense** [séns]
- 名 ① 感覚、センス ② 意味
- 動 ～を感知する
- 形 sensible 分別のある
- 形 sensitive 敏感な

0456 **option** [ɑ́:pʃən]
- 名 ① 選択肢 ② 選択
- 形 optional 任意の

0457 **familiar** [fəmíljər]
- 形 ① 見覚えのある、聞き覚えのある
  ② よく知っている、詳しい

0458 **policy** [pɑ́:ləsi]
- 名 方針、政策

0459 **market** [mɑ́:rkət]
- 名 市場（いちば）、マーケット

0460 **matter** [mǽtər]
- 名 問題（≒issue）
- 動 重要である（≒count）

注意すべき前置詞 (1)

in の意味、わかりますか？「『～の中に』に決まってるじゃない！」という声が聞こえてきそうですね。もちろんそういう意味もありますが、前置詞には非常に多くの意味があります。ここでは in の覚えておくべき使い方をいくつか見ておきましょう。

Track
046

Some people left **negative** comments on my website.	何人かの人が私のウェブサイトに否定的なコメントを残した。
He was a **track** runner when he was in high school.	彼は高校生のころ、トラック競技の選手だった。
There were many **patients** in the waiting room.	待合室には多くの患者がいた。
The walls of the music room are **thick**.	音楽室の壁は厚い。
She has a good **sense** of smell.	彼女は嗅覚が鋭い。
Buying the expensive train ticket was his only **option**.	高価な列車の切符を買うことが、彼にとって唯一の選択肢だった。
I heard a **familiar** voice from behind.	背後から聞き覚えのある声が聞こえた。
Our **policy** is to protect your privacy.	私たちの方針は皆さまのプライバシーを保護することです。
Many things are bought and sold in the **market**.	市場では多くのものが売買されている。
We will discuss this **matter** at the next meeting.	この問題については、次回の会議で議論します。

04
60

Tomoko looks cute **in** her new pink T-shirt.（新しいピンクのTシャツを着たトモコはかわいい）
＊in は「～を着て」
I'll be back **in** 15 minutes.（15 分したら戻ります）
＊in は「～たったら、～後に」

0461 **sew** □□□
[sóʊ] ▲ 発音注意。
動 (～を) 縫う
► sew-sewed-sewn/sewed と活用する。

0462 **protest** □□□
[名 próʊtest 動 prətést]
名 抗議
動 ～に抗議する

0463 **liquid** □□□
[líkwɪd]
名 液体
形 液体の

0464 **pray** □□□
[préɪ]
動 祈る
名 prayer 祈り；祈りの言葉；祈る人

0465 **belief** □□□
[bɪlíːf]
名 ① 信用、信頼 ② 信念
動 believe ～を信じる

0466 **gesture** □□□
[ʤéstʃər]
►►►✎
名 身ぶり、ジェスチャー

0467 **proud** □□□
[práʊd]
形 誇りとして
► be proud of ～ で「～を誇りに思う」という意味。
副 proudly 誇らしげに
名 pride 誇り

0468 **select** □□□
[səlékt]
動 ～を選ぶ
名 selection 選択

0469 **beyond** □□□
[bijáːnd]
前 ～を越えて

0470 **global** □□□
[glóʊbl]
形 全世界の、世界的な
► global warming (地球温暖化) という表現も覚えておこう。
名 globe 地球

✎ **カタカナ語の知識を活かす**

p. 024、p. 088 でカタカナ語の発音やアクセントに引きずられないように気をつけましょうと言いましたが、私たちの日常生活にはカタカナ語が大量に使われており、この知識を使わない手はありません。(カタカナ語を使わないと表現の難しい場合さえ少なくありません。)
ここではカタカナ語の知識を活かして覚えておくべき単語をまとめて見ておきましょう。

Track
047

She **sewed** the skirt by herself.

彼女はそのスカートを自分で**縫**った。

The new law was met with strong **protest** by people.

その新しい法律は人々の激しい**抵抗**にあった。

The **liquid** in the small bottle is olive oil.

その小さな瓶(びん)に入っている**液体**はオリーブオイルです。

We are **praying** for world peace.

私たちは世界平和を**祈**っている。

He has a strong **belief** in science.

彼には科学に対する強い**信頼**がある。

Cindy did not know what his **gesture** meant.

シンディーは彼の**身ぶり**が何を意味するのかわからなかった。

They **are proud of** their own culture.

彼らは自らの文化を**誇りに思**っている。

The judges will **select** the best performance.

審査員たちがベストパフォーマンスを**選**ぶ。

Finishing the job in a day was **beyond** her ability.

その仕事を１日で終わらせるのは彼女の能力を**超え**ていた。

ABC has grown into a **global** software company.

ABC 社は**世界的**なソフトウエア企業に成長した。

04
70

□ schedule [skédʒuːl] スケジュール、予定
□ inspiration [ìnspəréɪʃən] インスピレーション、ひらめき
□ speech [spíːtʃ] スピーチ、演説
□ pride [práɪd] プライド、自尊心；誇り
□ nickname [níknèɪm] ニックネーム、あだ名

0471 **cost** [kɔ́(ː)st]

動 〈費用〉がかかる
名 費用
► cost-cost-cost と活用する。
形 costly 費用のかかる

0472 **borrow** [bɑ́ːroʊ]

動 ～を借りる（⇔lend）

0473 **move** [múːv]

動 ① 移動する、引っ越す
② ～を動かす、移動させる
名 movement 動き

0474 **item** [áɪtəm]

名 品物、商品

0475 **reason** [ríːzn]

名 理由
► for this reason（このようなわけで）という表現も覚えておこう。

0476 **return** [rɪtə́ːrn]

動 ① ～を返す ② 帰る
► in return の項目（1297）も参照。

0477 **reservation** [rèzərvéɪʃən]

名 （部屋・座席などの）予約
► make a reservation で「予約する」という意味。
動 reserve ～を予約する

0478 **research** [名 ríːsəːrtʃ 動 rɪːsə́ːrtʃ]

名 研究、調査
動 ～を調査する、調べる
名 researcher 研究者

0479 **package** [pǽkɪdʒ]

名 小包

0480 **miss** [mís]

動 ① ～を恋しく思う ② ～を見逃す、聞き逃す
③ ～を欠席する、～に乗り損なう
► 「誤り」の意味の「ミス」は英語では mistake と言う。
形 missing 欠けている、紛失した

missの使い方

上で見た miss の「～を恋しく思う」「～を見逃す、聞き逃す」「～を欠席する、～に乗り損なう」といった意味は一見無関係なように見えますが、元は「的を外す」という意味の語で、だれかに会おうと思ったら会えなくて「恋しく思う」、何かを見よう、聞こうと思ったのに「見逃す、聞き逃す」、乗り物に乗ろうと思ったのに「乗り損なう」と考えれば、根っこでつながっていることがわかります。

It **costs** eight dollars to send this package by air.	この小包を航空便で送るのに8ドルかかる。
He **borrowed** a bicycle from his friend.	彼は友人から自転車を借りた。
Our company **moved** to Osaka last month.	私たちの会社は先月、大阪に引っ越した。
This sandwich is our most popular **item**.	このサンドイッチは当店で一番人気のある商品です。
Matt lied about the **reason** for being late to class.	マットは授業に遅れた理由についてうそをついた。
Please **return** the books to the library quickly.	早急に図書館に本を返却してください。
I'd like to **make a reservation** for three people tonight.	今晩、3名で予約をしたいのですが。
We did some **research** on the use of smartphones.	私たちはスマートフォンの利用に関する調査を行った。
My grandmother sometimes sends me **packages**.	祖母は時々、私に小包を送ってくれる。
Mark **missed** his mother's cooking after he moved out.	引っ越したあと、マークは母親の料理を恋しく思った。

The show starts at 5 p.m. Don't **miss** it! (ショーは午後5時に始まります。**お見逃し**なく!)
I'll **miss** my train if I don't leave now. (今出ないと電車に**乗り遅れ**てしまう)

0481 **owner** [óʊnər]
名 持ち主、飼い主、オーナー
動 own ～を所有する

0482 **allow** [əláʊ]
動 ～を許可する

0483 **agree** [əgríː]
動 ① 意見が一致する、賛成する (⇔disagree)
② (提案などに) 応じる、承諾する
名 agreement 同意、合意

0484 **plant** [plǽnt]
動 ～を植える
名 ① 植物 ② 工場

0485 **hire** [háɪər]
動 ～を雇う

0486 **celebrate** [séləbrèɪt]
動 ～を祝う；〈祝典〉を挙行する
名 celebration 祝典

0487 **invent** [ɪnvént]
動 ～を発明する、考案する
名 invention 発明
名 inventor 発明家

0488 **comfortable** [kʌ́mftəbl]
形 心地よい、快適な (⇔uncomfortable)
名 comfort 心地よさ
副 comfortably 心地よく、快適に

0489 **piece** [píːs]
名 ① 一切れ、一かけら
② (作品・家具などの) 1点

0490 **equipment** [ɪkwípmənt]
名 用具、設備
► 数えられない名詞。
動 equip ～を備えつける

数えられないものを数える

皆さんは three pizzas という表現を見たら何を思い浮かべるでしょう。これは 3 枚のピザのことです。では「ピザを 3 切れ食べた」と言いたい場合はどう言えばいいでしょう。その場合は I ate three pieces of pizza. と言います。piece はとても便利な単語で、英語では「数えられない」とされる名詞を数えるときによく使われます。

Track 049

Nobody could find the cat's **owner**.	だれもそのネコの飼い主を見つけられなかった。
Using cameras in the museum is not **allowed**.	美術館内でのカメラの使用は許可されていない。
The seller and the buyer **agreed** on a price for the home.	売主と買主は、住宅の価格について合意した。
Her parents **planted** a tree the year she was born.	両親は彼女が生まれた年に1本の木を植えた。
The restaurant needs to **hire** a new chef.	そのレストランは、新しいシェフを雇う必要がある。
She **celebrates** her birthday with her friends every year.	彼女は毎年友人と自分の誕生日を祝う。
Edison **invented** a lot of useful things.	エジソンは多くの有用なものを発明した。
Michael only buys clothing that is **comfortable**.	マイケルは着心地のよい服しか買わない。
My mother cut the pizza into eight **pieces**.	母はピザを8切れに切り分けた。
The store sells a variety of camping **equipment**.	その店ではさまざまなキャンプ用品を売っている。

04
90

She bought three big **pieces** of meat for her family.（彼女は家族のために大きな肉を3切れ買った）
There was not a single **piece** of furniture in the room.（その部屋には家具がひとつもなかった）
Her father gave her a useful **piece** of advice before her recital.
（父親はリサイタルを前に彼女に有益なアドバイスをくれた）

0491 **moment** [móʊmənt]
名 瞬間、わずかな間（≒instant）
► a moment で副詞的に「ちょっと、少し」という意味を表す。

0492 **print** [prínt]
動 ～を印刷する
► print out（～を出力する、プリントアウトする）という表現も覚えておこう。
名 printer プリンター

0493 **reply** [rɪpláɪ]
動 返事をする
名 返事

0494 **organization** [ɔ̀ːrɡənəzéɪʃən]
名 組織、団体
動 organize〈イベントなど〉を準備する、手配する
名 organizer 主催者

0495 **tough** [tʌ́f] ▲ 発音注意。
形 〈状況などが〉厳しい、つらい（≒hard, difficult）

0496 **either** [íːðər]
副 ［否定文で］～もまた
形 どちらか一方の
► either *A* or *B* の項目（1349）も参照。

0497 **delay** [dɪléɪ]
動 ～を遅らせる
名 遅れ、遅延
► be delayed で「遅れる」という意味。

0498 **employee** [ɪmplɔ́ɪiː] ▲ アクセント注意。
名 従業員
► employ（～を雇う）＋ -ee（された人）でできた語。
動 employ ～を雇う
名 employer 雇用者

0499 **product** [prɑ́ːdəkt]
名 製品、産物
動 produce ～を生産する
名 production 製造、生産

0500 **audience** [ɔ́ːdiəns]
名 ［集合的に］観客、聴衆

人の集まりを表す語

audience は「観客、聴衆」という意味の単語。「オーディエンス」は日本語にもなりつつあります。audi は「聞く」を意味する語根で、audio（オーディオ）や audition（オーディション）にも含まれています。覚えておきたいのは「大勢の［少ない］聴衆」と言うときに many [few] を使わず、a large [small] audience と言うことです。このように人の集まりを large [small] で形容する例をいくつか見ておきましょう。

Track 050

The world is changing every **moment**.
世界は刻一刻と変化している。

The teacher **printed** some worksheets for her class.
先生は、授業のために練習問題シートを印刷した。

I **replied** to her email right away.
私はすぐに彼女のメールに返信した。

He created an art **organization**.
彼は芸術団体を組織した。

Writing this research paper was really **tough**.
この研究論文を書くのは本当に大変だった。

I do not ski. I do not snowboard, **either**.
私はスキーをしない。スノーボードもしない。

Our arrival **was delayed** because of the heavy snow.
私たちの到着は大雪のために遅れた。

The company has over 1,000 **employees**.
その会社には1,000人以上の従業員がいる。

My sister uses several beauty **products**.
私の姉はいくつかの美容製品を使っている。

There was a large **audience** at the play.
その劇には大勢の観客がいた。

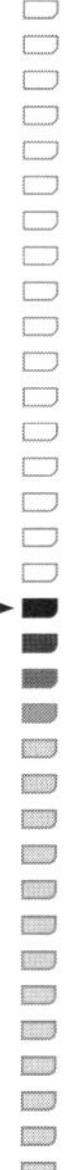

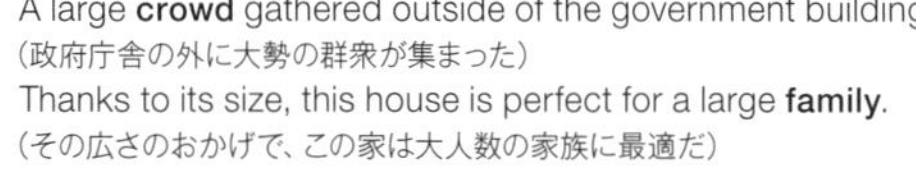
A large **crowd** gathered outside of the government building.
(政府庁舎の外に大勢の群衆が集まった)
Thanks to its size, this house is perfect for a large **family**.
(その広さのおかげで、この家は大人数の家族に最適だ)

0501 accept [əksépt]
動 ① ～を受け入れる（⇔refuse）
② 〈クレジットカードなど〉を受けつける
名 acceptance 受け取り
形 acceptable 受け入れられる

0502 fill [fíl]
動 ～を満たす

0503 whatever [*h*wʌtévər]
代 ~するものは何でも
形 たとえどんな～でも

0504 host [hóʊst] ▲ 発音注意。
動 ① 〈催しなど〉を主催する
② 〈番組など〉の司会をする
名 ① 主催者 ② 司会

0505 upstairs [ʌ̀pstéərz]
副 ① 上の階に［で］（⇔downstairs）
② 2 階に［で］
形 上の階の

0506 ability [əbíləti]
名 能力
形 able 能力がある

0507 discovery [dɪskʌ́vəri]
名 発見
動 discover ～を発見する

0508 fair [féər]
名 展示会、見本市
形 公平な

0509 cheer [tʃíər]
動 声援を送る
► cheerleader（チアリーダー）の cheer。
形 cheerful 陽気な、明るい
副 cheerfully 陽気に、明るく

0510 disappear [dìsəpíər]
動 いなくなる、見えなくなる（⇔appear）

先行詞込みの関係代名詞（2）

whatever は what と同じように先行詞込みの関係代名詞。上の例文は I'll buy you anything (which) you want. と言ってもほとんど同じ意味になります。〈物〉を表し、先行詞がなく、後ろに動詞がくる、ということを頭に入れておきましょう。

He would not **accept** his parents' advice.	彼は両親の助言を**受け入れ**ようとしなかった。
She **filled** the bucket with water.	彼女はバケツを水で**いっぱいに**した。
I'll buy you **whatever** you want.	あなたが欲しいものを**何でも**買ってあげましょう。
Every year, she **hosts** a large New Year's party.	毎年、彼女は大規模な新年パーティーを**主催する**。
She went **upstairs** to check the baby.	彼女は赤ちゃんの様子を見に**上の階**へ行った。
Humans are born with the **ability** to learn languages.	ヒトは言語を習得する**能力**を持って生まれてくる。
He made a great **discovery** in math when he was a student.	彼は学生時代に数学で大きな**発見**をした。
We went to the book **fair** yesterday.	私たちは昨日、ブック**フェア**を訪れた。
People **cheered** loudly for the runners.	人々はランナーたちに大声で**声援**を送った。
The moon **disappeared** behind the clouds.	雲に隠れて月が**見えなく**なった。

I'll buy you [**whatever** you want].（あなたのほしいものなら何でも買ってあげましょう）
ここが目的語
I eat [**whatever** my wife cooks].（私は妻の料理したものなら何でも食べる）
ここが目的語

0511 **comment**
[kɑ́ːment] ▲アクセント注意。
名 論評、コメント（≒feedback）
動 論評する、コメントする

0512 **national**
[nǽʃənl]
形 ① 国家の ② 全国の ③ 国立の
名 nation 国；国民

0513 **handle**
[hǽndl]
動 ～を扱う（≒treat, deal with ～）
名 取っ手、柄
► 車の「ハンドル」は steering wheel と言う。

0514 **independent**
[ìndɪpéndənt]
形 独立した（⇔dependent）
► be independent of ～ で「～から独立している」という意味。
名 independence 独立、自立

0515 **effort**
[éfərt]
名 努力
► make an effort to *do* で「～しようと努力する」という意味。

0516 **result**
[rɪzʌ́lt]
名 結果（⇔cause）
► result in ～ の項目（1064）、as a resultの項目（1323）も参照。

0517 **sample**
[sǽmpl]
名 ① 試供品、サンプル ② 実例、見本

0518 **exist**
[ɪgzíst]
動 存在する
名 existence 存在

0519 **smooth**
[smúːð] ▲発音注意。
形 ①（表面が）滑らかな（⇔rough）
②（物事が）順調な
副 smoothly 滑らかに；順調に

0520 **supply**
[səpláɪ]
名 [複数形で] 必需品、用品
動 ～を提供する、供給する
名 supplier 供給者

否定を表す接頭辞 (2)
independent（独立した）は dependent（依存した）に否定を表す接頭辞 in- がついてできた語です。p.078 では否定を表す接頭辞 un- がついてできた語を見ましたが、ここでは接頭辞 in- のついた語を見ておきましょう。（in- は後ろにくる子音によって、im- や il- などに変化する場合があります。informal、illegal は準 2 級未出題語です。）

Track 052

The author was happy when she read the **comments** about her book.	その著者は、自分の本についての論評を読んで喜んだ。
The kangaroo is the **national** symbol of Australia.	カンガルーはオーストラリアの国の象徴だ。
This vase is very old, so please **handle** it with care.	この花瓶(かびん)はとても古いものなので、丁寧に**扱って**ください。
The young man **is** completely **independent of** his parents.	その青年は完全に両親から**独立して**いる。
Molly **made** a lot of **efforts to** become a dentist.	モリーは歯科医になるためにたくさん**努力**をした。
My parents were shocked at the **results** of my test.	両親は私のテストの**結果**にショックを受けた。
We'll give you some free **samples** to try.	お試し用の無料**サンプル**を差し上げます。
The Internet did not **exist** yet fifty years ago.	50 年前、インターネットはまだ**存在**しなかった。
The actress has long, **smooth** hair.	その女優は長く、**滑らか**な髪をしている。
We need to get some office **supplies.**	私たちは**事務用品**を買う必要がある。

05 ▸ 20

□ inexpensive [ìnɪkspénsɪv] 安い、安価な
□ informal [ɪnfɔ́ːrml] 非公式の
□ illegal [ɪlíːgl] 非合法の
□ inconvenient [ìnkənvíːnjənt] 不便な
□ impossible [ɪmpáːsəbl] ありえない

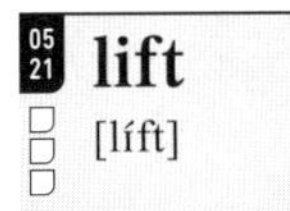

0521 **lift** [líft]

動 ～を持ち上げる（≒elevate）（⇔lower）
名 リフト

0522 **personal** [pə́ːrsənəl]

形 個人的な
▸「パソコン」は personal computer を略した和製英語。
名 person 人　副 personally 個人的には

0523 **shape** [ʃéɪp]

▸▸▸✎

名 形、形状
動 ～を形作る

0524 **remind** [rɪmáɪnd]

動 ～に思い出させる
▸ remind *A* of *B* で「AにBを思い出させる」という意味。
名 reminder 思い出させるもの、注意

0525 **thin** [θín]

形 ①（厚さが）薄い（⇔thick）
②〈液体などが〉薄い、水っぽい（⇔thick）

0526 **harmful** [hɑ́ːrmfl]

形 有害な（⇔harmless）
名 動 harm 害；～を傷つける

0527 **mix** [míks]

動 ～を混ぜる
名 mixture 混合（物）

0528 **otherwise** [ʌ́ðərwàɪz]

副 ① さもないと ② その他の点では

0529 **shortly** [ʃɔ́ːrtli]

副 すぐに、間もなく
▸ shortly before [after] ...（…する少し前に[…したすぐあとに]）という表現も覚えておこう。

0530 **brave** [bréɪv]

形 勇敢な（≒courageous）（⇔cowardly）
副 bravely 勇敢に
名 bravery 勇敢さ、勇気

✎ **形状を表す語**

shape は「形、形状」という意味ですが、「体調」という意味もあり、be in shape で「体調がよい」という意味を表します。この使い方については Part 2 の 1017 を参照してください。p. 016 で形状を表す語について見ましたが、ここでもさらに、準 2 級で登場した形容を表す語を確認しておきましょう。

The old man **lifted** the heavy box easily.	老人はその重い箱を楽々と持ち上げた。
Personal information must be handled carefully.	個人情報は慎重に取り扱わなければならない。
The church windows have different **shapes**.	その教会の窓はさまざまな形をしている。
The taste of the cake **reminded** him **of** his childhood.	そのケーキの味は、彼に子どものころを思い出させた。
The walls in this apartment are very **thin**.	このアパートの壁はとても薄い。
It is difficult to remove **harmful** information from the Internet.	インターネット上から有害な情報をなくすのは困難だ。
Mix the eggs and milk together.	卵と牛乳を一緒に混ぜてください。
Let's run. **Otherwise**, we'll be late.	走ろう。そうでないと遅れちゃうよ。
The volleyball finals will begin **shortly**.	間もなくバレーボールの決勝戦が始まります。
People were moved by her **brave** actions.	人々は彼女の勇敢な行動に感動した。

05
30

□ wide [wáɪd]（幅広い）　□ thin [θín]（(厚さが) 薄い）　□ straight [stréɪt]（まっすぐに）
□ rough [rʌ́f]（でこぼこの、粗い）　□ square [skwéər]（正方形）

0531 **shade** [ʃéɪd]
▸▸▸✎
名 日陰、木陰

0532 **praise** [préɪz]
名 称賛（⇔criticism）
動 ～を称賛する、ほめる

0533 **trap** [træp]
動 ① ～を閉じ込める ② ～をわなで捕まえる
名 わな

0534 **border** [bɔ́ːrdər]
名 境界、国境

0535 **literature** [lítərətʃər]
名 文学

0536 **shoot** [ʃúːt]
動 ① ～を撃つ ② ～を撮影する
► shoot-shot-shotと活用する。「（ゴールに）シュートする」という意味もあるが、名詞の「シュート」はshotと言う。
名 shot 発射、発砲；シュート

0537 **lawyer** [lɔ́ɪər]
名 弁護士

0538 **compare** [kəmpéər]
動 ～を比較する
► compare *A* with *B*で「AをBと比較する」という意味。
名 comparison 比較
形 comparable 匹敵する、同等の

0539 **cover** [kʌ́vər]
動 ～を覆う
名 覆い、カバー
► be covered with ～ で「～で覆われている」という意味。

0540 **further** [fə́ːrðər]
副 さらに
形 さらなる

✎ **2つの「かげ」の違い**

英語には「かげ」を表す語が2つあります。「光が当たらないために暗く、涼しくなった部分」がshade、「光が物体にさえぎられてできる、物体の形をした部分」がshadowです。実を言うと日本語でも「陰」と「影」と、この2つを漢字で区別しています。日陰を作るためのsunshade（日傘、パラソル）という言葉を覚えておくと、区別がつきやすいかもしれません。右ページのイラストも参考にしてください。

We took a rest under the **shade** of some trees.	私たちは木陰で一休みした。
The player got **praise** from the coaches.	その選手はコーチたちから称賛された。
They were **trapped** in the elevator.	彼らはエレベーターの中に閉じ込められた。
You must show your passport to cross the **border**.	国境を越えるにはパスポートを提示しなければなりません。
Avery studies modern children's **literature**.	エイヴリーは現代の児童文学を研究している。
The hunter **shot** the bear because it attacked humans.	ハンターは、そのクマが人間を襲ったので撃った。
You should follow your **lawyer's** advice.	あなたは弁護士の助言に従ったほうがいい。
She **compared** her works **with** others'.	彼女は自分の作品をほかの人のものと比較した。
The path **was covered with** fallen leaves.	その小道は落ち葉で覆われていた。
Her house is **further** down the street.	彼女の家はこの通りのさらに先にある。

05
40

shade 

shadow 

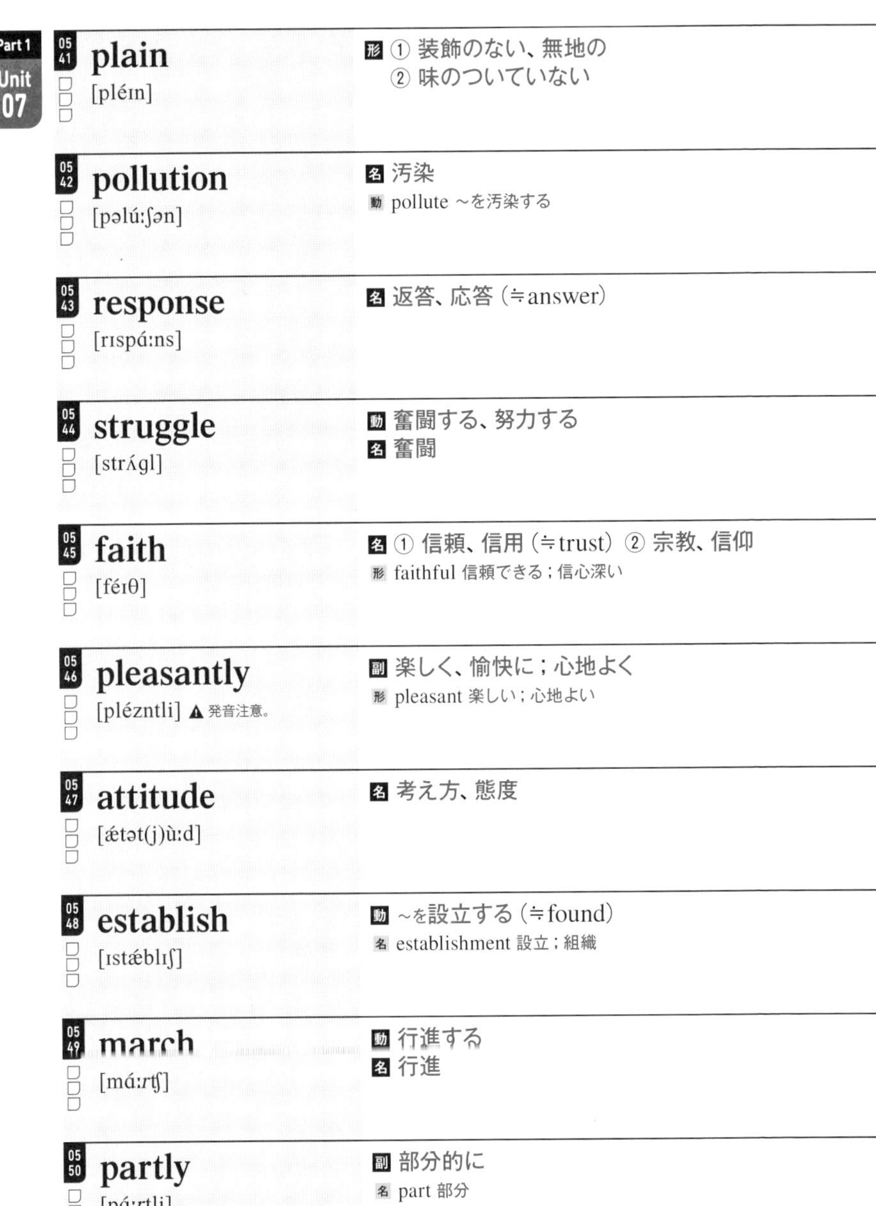

0541 **plain** [pléɪn]
形 ① 装飾のない、無地の ② 味のついていない

0542 **pollution** [pəlúːʃən]
名 汚染
動 pollute ～を汚染する

0543 **response** [rɪspɑ́ːns]
名 返答、応答（≒answer）

0544 **struggle** [strʌ́gl]
動 奮闘する、努力する
名 奮闘

0545 **faith** [féɪθ]
名 ① 信頼、信用（≒trust） ② 宗教、信仰
形 faithful 信頼できる；信心深い

0546 **pleasantly** [plézntli] ▲発音注意。
副 楽しく、愉快に；心地よく
形 pleasant 楽しい；心地よい

0547 **attitude** [ǽtət(j)ùːd]
名 考え方、態度

0548 **establish** [ɪstǽblɪʃ]
動 ～を設立する（≒found）
名 establishment 設立；組織

0549 **march** [mɑ́ːrtʃ]
動 行進する
名 行進

0550 **partly** [pɑ́ːrtli]
副 部分的に
名 part 部分

文法問題を攻略する（5）
次の予想問題を解いてみましょう。
Los Angeles is the (　　) city in the U.S. and the home to around four million people.
1 second-largest 2 second-larger 3 two-larger 4 two-largest

Track 055

She always wears clothes with a **plain** design.	彼女はいつもシンプルなデザインの服を着ている。
Ocean **pollution** is becoming more serious every year.	海洋汚染は年々深刻になっている。
I look forward to your **response**.	お返事をお待ちしております。
Jamie **struggled** to finish the math exam.	ジェイミーは数学の試験を終わらせようと奮闘した。
Her parents have **faith** that she will win the marathon.	両親は彼女がマラソンで優勝すると信じている。
The birds were singing **pleasantly** in the park.	公園で鳥たちが楽しそうにさえずっていた。
Ellie has a poor **attitude** in class.	エリーは授業態度が悪い。
This hospital was **established** during the war.	この病院は戦争中に設立された。
Hundreds of children **marched** in the parade.	何百人もの子どもたちがパレードで行進した。
The new museum was **partly** finished.	新しい美術館は部分的に完成した。

05
50

選択肢には larger と largest という比較級と最上級が含まれています。「～の中で○○番目に□□な」は〈序数詞＋最上級〉で表します。正解は second-largest です。Mt. Okuhotaka is the third highest mountain in Japan.（奥穂高岳は日本で3番目に高い山だ）のように使います。「ロサンゼルスはアメリカで2番目に大きな都市であり、約400万人の故郷である。」

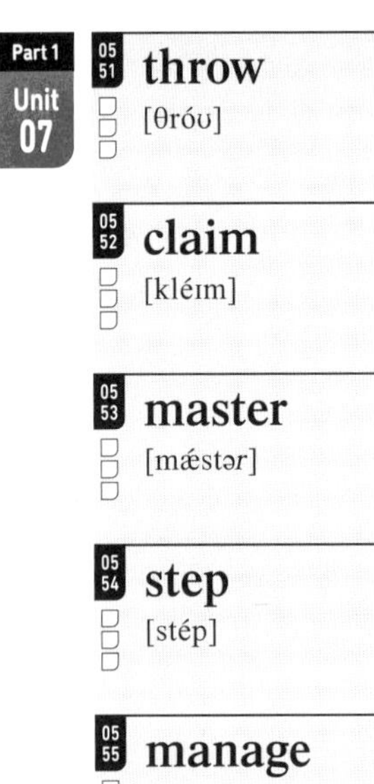

0551 **throw** [θróʊ]

動 ～を投げる
► throw-threw-thrown と活用する。

0552 **claim** [kléɪm]

動 ～を主張する（≒insist）（⇔deny）
名 主張、要求
► 日本語の「クレーム」（不平、不満）は、英語では complaint と言う。

0553 **master** [mǽstər]

動 ～を習得する
名 修士

0554 **step** [stép]

名 1 歩、歩み
動 1 歩踏み出す、前に出る
► step on ～（～を踏む）という表現も覚えておこう。

0555 **manage** [mǽnɪʤ]

動 ① ～を管理する ② ～を経営する
名 management 管理；経営
名 manager 管理者；経営者

0556 **skip** [skíp]

動（～を）飛ばす、省く

0557 **draw** [drɔ́ː]

動 ① ～を描く ② ～を引く
► draw-drew-drawn と活用する。

0558 **physically** [fízɪkəli]

副 身体的に（⇔mentally） ② 物理的に
形 physical 身体の；物理的な

0559 **price** [práɪs]

名 値段

0560 **figure** [fígjər]

名 ① 数字 ② 人物像、像 ③ 図形
動 …と考える、判断する
► 「フィギュアスケート」の figure は③の意味。

draw の使い方

draw は「引く」という日本語とよくマッチした言葉です。draw a line（線を引く）、draw the curtains（カーテンを引く）、draw his attention（彼の注意をひく）。「くじ引き」や「引き分け」（日本語でも「ドロー」と言いますね）といった意味もあります。drawer は「（机などの）引き出し」です。「線を引く」イメージがあれば、線で描く draw と絵の具などを塗って描く paint を混同することはないでしょう。

The man **threw** stones at the police.	男は警官に向かって石を投げた。
The cashier **claimed** that the man stole the chocolate.	その男性がチョコレートを盗んだとレジ係は**主張**した。
It took Debbie many years to **master** karate.	デビーは空手を**習得する**のに何年もかかった。
He took three **steps** forward.	彼は３**歩**前に出た。
He has been **managing** the website from the beginning.	彼はそのウェブサイトを最初から**管理**している。
The scientist **skipped** part of his presentation because he was late.	遅刻したため、その科学者は発表の一部を**飛ばし**た。
Cathy **draws** beautiful pictures using only pencils.	キャシーは鉛筆だけを使って美しい絵を**描く**。
It is **physically** painful for her to walk.	彼女にとって、歩くことは**身体的に**苦痛だ。
I got this jacket for a really low **price**.	私はこのジャケットを非常に安い**値段**で手に入れた。
Some of the **figures** in this list are wrong.	この表の**数値**のいくつかは間違っている。

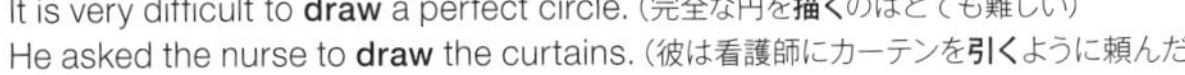
It is very difficult to **draw** a perfect circle.（完全な円を**描く**のはとてもも難しい）
He asked the nurse to **draw** the curtains.（彼は看護師にカーテンを**引く**ように頼んだ）

05
60

0561 **gradually** [grǽʤuəli]
副 徐々に、少しずつ (⇔suddenly)
► 「grade (段階) を経て」が元の意味。
形 gradual 段階的な

0562 **note** [nóʊt]
動 ~に注意する
名 覚え書き、メモ
► 「筆記帳」の意味の「ノート」は notebook。

0563 **practice** [prǽktɪs]
動 ① (~を) 練習する ② ~を行う、実践する
名 練習
► practice *doing* で「~する練習をする」という意味。
形 practical 実践的な

0564 **float** [flóʊt]
動 浮かぶ

0565 **pause** [pɔ́:z]
動 休止する、ひと息つく
名 (一時的な) 休止、中断

0566 **seldom** [séldəm]
副 めったに~ない (≒rarely) (⇔often)
► not がなくても否定の意味の文になる。

0567 **shadow** [ʃǽdoʊ]
名 影

0568 **habit** [hǽbət]
名 習慣、癖
► 主に個人の習慣を指す。社会的な「慣習」は custom と言う。
形 habitual 常習的な；習慣的な

0569 **obey** [oʊbéɪ]
動 ~に従う
形 obedient 従順な

0570 **slip** [slíp]
動 (誤って) 滑る、滑り落ちる

頻度を表す言葉

「物事がどのくらい頻繁に起こるか、行われるか」を「頻度」と言います。seldom (めったに~ない) も頻度を表す語の 1 つです。頻度を表す語は、「一般動詞の前、be 動詞の後ろに置かれる」と覚えておくと、作文のときなどに悩まなくてよいでしょう。準 2 級までで登場する「頻度を表す言葉」を頻度順に並べておきましょう。

Track 057

The Italian restaurant **gradually** got popular over time.	そのイタリアンレストランは時がたつにつれて少しずつ人気が出た。
Please **note** that this library will be closed next Monday.	今度の月曜日、当図書館は休館ですのでご注意ください。
Rachel **practices** singing every morning.	レイチェルは毎朝、歌の練習をしている。
Some boats are **floating** on the lake.	湖にはいくつかのボートが浮かんでいる。
She **paused** for a moment before continuing.	彼女は話を続ける前に一瞬沈黙した。
My father **seldom** eats meat.	父はめったに肉を食べない。
There are **shadows** of clouds on the ground.	地面に雲の影ができている。
I want to change my **habit** of going to bed late.	遅く寝る習慣を変えたい。
Obey traffic rules when you drive a car.	車を運転するときは交通規則に従いなさい。
He **slipped** and fell on the snow.	彼は雪の上で滑って転んだ。

05
70

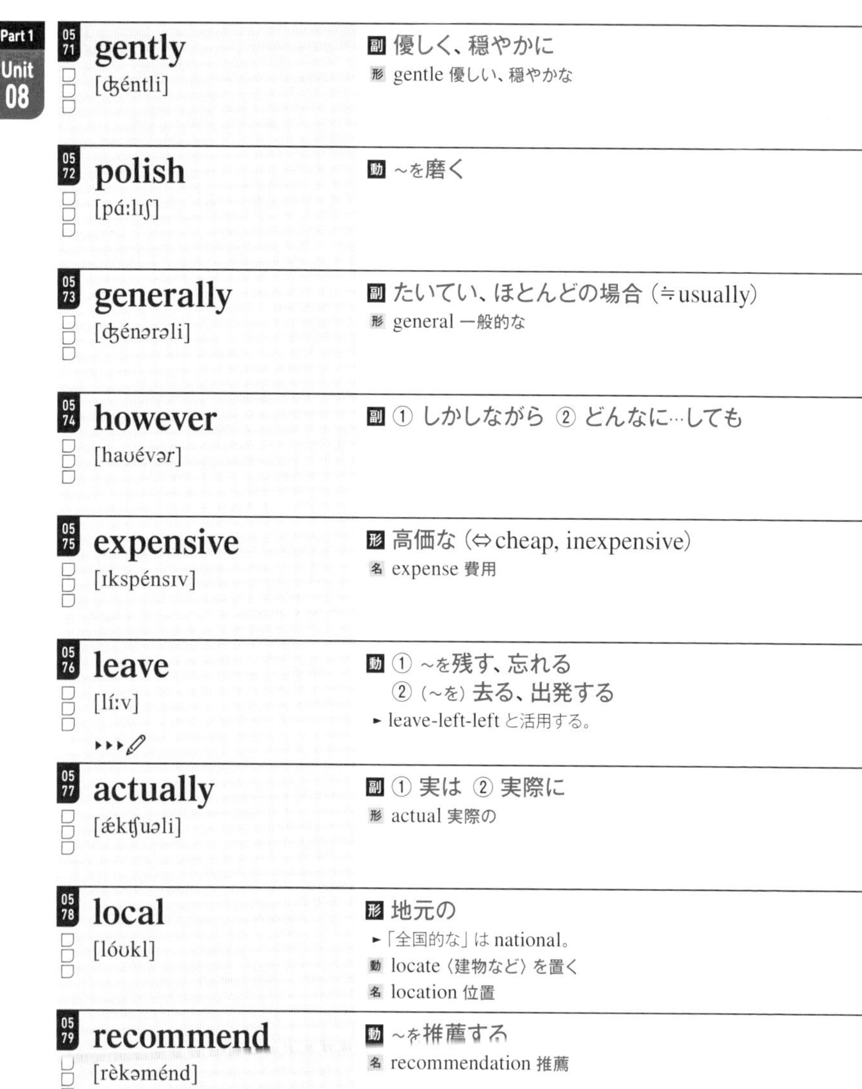

0571 **gently** [ʤéntli]
副 優しく、穏やかに
形 gentle 優しい、穏やかな

0572 **polish** [pá:lɪʃ]
動 ～を磨く

0573 **generally** [ʤénərəli]
副 たいてい、ほとんどの場合（≒usually）
形 general 一般的な

0574 **however** [haʊévər]
副 ① しかしながら ② どんなに…しても

0575 **expensive** [ɪkspénsɪv]
形 高価な（⇔cheap, inexpensive）
名 expense 費用

0576 **leave** [lí:v]
動 ① ～を残す、忘れる
② (～を) 去る、出発する
► leave-left-left と活用する。

0577 **actually** [æktʃuəli]
副 ① 実は ② 実際に
形 actual 実際の

0578 **local** [lóʊkl]
形 地元の
►「全国的な」は national。
動 locate〈建物など〉を置く
名 location 位置

0579 **recommend** [rèkəménd]
動 ～を推薦する
名 recommendation 推薦

0580 **less** [lés]
形 より少ない、より小さい（⇔more）
副 より少なく（⇔more）

leave の使い方
leave は非常に多くの意味を持つ動詞ですが、「去る」が中心的な意味です。「出発する」はほとんどそのままの意味ですね。電車に傘を置いたまま電車を「去る」と、傘を「置き忘れる」ことになります。ドアを開けたまま「去る」とドアを「開けっぱなしにする」ことになります。私をひとりにして「去る」と、私を「そっとしておく」ことになります。そんなイメージで右ページの例文も読んでみてください。

Track 058

She spoke **gently** to the children.	彼女は子どもたちに優しく話しかけた。
I sometimes **polish** my shoes.	私は時々、自分の靴を磨く。
Flutes are **generally** made of metal.	フルートはふつう金属でできている。
They studied hard. **However**, they were still nervous at the exam.	彼らは一生懸命勉強した。しかしそれでも、試験では緊張した。
The concert tickets were quite **expensive**.	そのコンサートのチケットはかなり高かった。
Yesterday, I **left** my umbrella on the train.	昨日、私は電車に傘を忘れた。
I'm **actually** getting married next year.	実は私、来年結婚するんです。
Hannah works at the **local** car factory.	ハンナは地元の車工場で働いている。
Could you **recommend** a good restaurant?	よいレストランを薦めていただけませんか。
Hank is trying to spend **less** money on clothes.	ハンクは服にかけるお金を減らそうとしている。

Daniel **left** New York for Tokyo.（ダニエルは東京に向けてニューヨークを発った）
Don't **leave** the door open.（ドアを開けっぱなしにするな）
Please **leave** me alone for a while.（しばらくそっとしておいて）

0581 **suggest** [səgdʒést]
動 ① ～を提案する ② ～を暗示する
► suggest の後ろの that 節の中は動詞が原形になる。
名 suggestion 提案；暗示

0582 **idea** [aɪdíːə] ▲アクセント注意。
名 考え、アイデア

0583 **information** [ìnfərméɪʃən]
名 情報
► 数えられない名詞。
動 inform ～に知らせる

0584 **relax** [rɪlǽks]
動 ① くつろぐ、リラックスする ② ～をくつろがせる
形 relaxed くつろいだ　形 relaxing くつろがせる
名 relaxation 息抜き、休息

0585 **recipe** [résəpi]
名 料理法、レシピ
► つづりに注意しよう。

0586 **hurt** [hə́ːrt]
動 ① ～を傷つける ② 痛む
► hurt-hurt-hurt と活用する。get hurt（けがをする）という表現も覚えておこう。

0587 **advice** [ədváɪs] ▲アクセント注意。
名 助言、アドバイス
► 数えられない名詞。
動 advise ～にアドバイスする

0588 **extra** [ékstrə]
形 ① 余分の ② 追加の
名 追加料金

0589 **stressful** [strésfl]
形 ストレスの多い
名 stress ストレス、緊張
形 stressed ストレスを受けた

0590 **grade** [gréɪd]
名 ① 成績 ② 学年

接尾辞 -ful
stressful（ストレスの多い）は stress（ストレス）に「～に満ちた」を意味する接尾辞 -ful がついてできた語です。-ful は full（満ちた）の l がひとつ取れた形です。分解して考えれば、少し長い単語でも簡単に理解できますね。このように名詞に -ful がついてできた形容詞はたくさんあるので、ここでは準 2 級で登場したものをまとめて見ておきましょう。

Track 059

He **suggested** to his mother that she travel to Europe after retiring.	彼は母親に退職したらヨーロッパ旅行に行ったらどうかと提案した。
I have no **idea** what to cook for my son's birthday.	息子の誕生日に何を料理したらいいか考えが浮かばない。
For **information** about the event, please visit our website.	そのイベントの情報については、私どものウェブサイトをご覧ください。
Ted **relaxed** in the bath after work.	仕事のあと、テッドは風呂に入ってくつろいだ。
There are many good **recipes** for bread.	パンのよいレシピはたくさんある。
She fell down and **hurt** her knee.	彼女は転んでひざを痛めた。
Yumi's uncle gave her **advice** about her future.	ユミのおじは彼女に将来のことについてアドバイスをしてくれた。
Do you have an **extra** pencil?	余分な鉛筆は持っていませんか。
It is **stressful** to study for tests.	テスト勉強はストレスがたまる。
She got a good **grade** in math.	彼女は数学でよい成績を取った。

05/90

□ careful [kéərfl] 注意深い
□ helpful [hélpfl] 助けになる、有益な
□ peaceful [pí:sfl] 平和な、平穏な
□ colorful [kʌ́lərfl] 色彩豊かな
□ powerful [páuərfl] 強力な
□ successful [səksésfl] 成功した
□ hopeful [hóupfl] 有望な

0591 **environment** [ɪnváɪərənmənt] ▸▸▸✎
名 (自然) 環境
形 environmental 環境の、環境的な
副 environmentally 環境的に

0592 **hold** [hóʊld]
動 ① 〈会など〉を催す ② ~を持つ、抱える
▸ hold-held-held と活用する。

0593 **cause** [kɔ́:z]
動 ~の原因となる、~を引き起こす
名 原因 (⇔effect)

0594 **skill** [skíl]
名 技能、スキル
形 skilled 熟練した
形 skillful 上手な

0595 **fashion** [fǽʃən]
名 流行、ファッション (≒trend)
形 fashionable 流行の

0596 **wrong** [rɔ́(:)ŋ]
形 間違った
副 wrongly 間違って

0597 **carry** [kǽri]
動 ① ~を運ぶ ② ~を持ち歩く、携行する

0598 **pay** [péɪ]
動 ① (~を) 払う ② 割に合う
名 給料
▸ pay-paid-paid と活用する。
名 payment 支払い

0599 **foreign** [fɑ́:rən] ▲発音注意。
形 外国の
名 foreigner 外国人

0600 **loud** [láʊd]
形 うるさい、(音量が) 大きい、大声の (⇔quiet)
副 大声で
副 loudly 騒々しく、大声で

✎ **環境関連の言葉**

environment は「(自然) 環境」という意味の語です。環境問題は、現代を生きる私たちにとって最大の問題の一つであり、英検でも取り上げられることの非常に多いテーマなので、関連用語を覚えておくことはとても大切です。ここでは準 2 級でこれまでに登場した用語をいくつか見ておきましょう。

Track 060

Are electric cars better for the **environment**?	電気自動車のほうが**環境**にいいのですか。
They **held** their wedding at the local church.	彼らは地元の教会で結婚式を**挙げ**た。
Using cell phones while driving **causes** many car accidents.	運転中の携帯電話の使用は多くの自動車事故の**原因となっている**。
He has good communication **skills**.	彼にはすぐれたコミュニケーション**能力**がある。
She is always reading **fashion** magazines in her free time.	彼女はひまなときはいつも**ファッション**誌を読んでいる。
I took the **wrong** bus today.	私は今日、**間違った**バスに乗ってしまった。
The old man was **carrying** a heavy bag.	その老人は重いかばんを**運んで**いた。
Can I **pay** by credit card?	クレジットカードで**支払え**ますか。
A lot of **foreign** tourists visit Kyoto every year.	毎年多くの**外国人**観光客が京都を訪れる。
The rock music was really **loud**.	そのロックミュージックはとても**うるさ**かった。

□ global warming [glóʊbl wɔ́:rmɪŋ] 地球温暖化
□ atmosphere [ǽtməsfɪ̀ər] 大気
□ wildlife [wáɪldlàɪf] 野生生物［動物］
□ fossil fuel [fɑ́:sl fjù:əl] 化石燃料
□ tropical rainforest [trɑ́:pɪkl réɪnfɑ:rəst] 熱帯雨林

0600

0601 **service** [sə́ːrvəs]

名 ① (鉄道・バスなどの) 便、運行
② 客扱い、サービス
③ (電気・ガス・水道などの) 供給

動 serve 〈飲食物〉 を出す；～に仕える

0602 **lend** [lénd]

動 ～を貸す (⇔borrow)

► lend-lent-lent と活用する。

0603 **collect** [kəlékt]

動 ～を集める、収集する (≒gather)

名 collection 収蔵品；収集

名 collector 収集家、コレクター

0604 **chance** [tʃǽns]

名 機会、チャンス (≒opportunity)

► have a chance to *do* で「～する機会がある」という意味。

0605 **lonely** [lóʊnli]

形 寂しい

► -ly で終わるが形容詞。

名 loneliness 寂しさ、孤独

0606 **human** [hjúːmən]

名 人、人間

形 人間の

名 humanity 人間性

0607 **success** [səksés] ▲アクセント注意。

名 成功 (⇔failure)

動 succeed 成功する

形 successful 成功した

0608 **topic** [tɑ́ːpɪk]

名 話題、テーマ、トピック

0609 **passenger** [pǽsəndʒər]

▸▸▸✎

名 乗客

0610 **retire** [rɪtáɪər]

動 引退する、(定年) 退職する

名 retirement (定年) 退職

✎ **乗り物関連の言葉**

passenger は「乗客」という意味の単語で、準 2 級では飛行機、船、列車、バスなど非常に多様な乗り物の「乗客」として登場しています。p. 086 では飛行機関連の言葉を見ましたが、ここでは乗り物に関するそれ以外の言葉も見ておきましょう。

Track 061

There is a bus **service** from the station to our hotel.	駅から当ホテルまでバスが**運行**されています。
I **lent** some books to Tina yesterday.	私は昨日、ティナに何冊かの本を**貸した**。
She likes **collecting** foreign coins.	彼女は外国のコインを**集める**のが好きだ。
I did not **have** many **chances to** talk to Steve at the party.	私はパーティーでスティーヴと話す**機会が**あまり**なかった**。
When he moved to Chicago, he felt **lonely**.	シカゴに引っ越したとき、彼は**寂しい**気持ちになった。
Humans may live on Mars someday.	**人**はいつか火星に住むようになるかもしれない。
The movie festival was a big **success**.	その映画フェスティバルは大**成功**だった。
The **topic** of his lecture was global warming.	彼の講義の**テーマ**は地球温暖化だった。
A lot of **passengers** got off at the station.	その駅で多くの**乗客**が降りた。
My grandfather **retired** from his job when he turned 70.	祖父は70歳になったときに仕事を**引退した**。

06 ▸ 10

□ express train [ɪksprés trèɪn] 急行列車
□ ticket machine [tíkət məʃìːn] 券売機
□ baggage [bǽgɪʤ] 手荷物
□ subway [sʌ́bwèɪ] 地下鉄
□ ferry [féri] フェリー
□ motorcycle [móʊtərsàɪkl] オートバイ

0611 **contest** [kɑ́:ntest]
名 コンテスト、競技会

0612 **realize** [rí:əlàɪz]
動 ① ~に気づく、~を自覚する (≒notice)
② ~を実現する
形 real 本当の
名 realization 認識;実現

0613 **culture** [kʌ́ltʃər]
名 文化
►「文明」は civilization。
形 cultural 文化の

0614 **adult** [ədʌ́lt]
名 大人、成人 (⇔child)
形 大人の、成人した

0615 **serious** [síəriəs]
形 ① 深刻な、重大な
(≒major, severe) (⇔minor)
② まじめな、本気の
副 seriously 深刻に

0616 **add** [ǽd]
動 ~を加える、足す
名 addition 追加
形 additional 追加の
副 additionally さらに、そのうえ

0617 **healthy** [hélθi]
形 健康な、健康的な、健康によい
(⇔unhealthy)
名 health 健康
副 healthily 健康的に

0618 **upset** [ʌpsét]
形 ① 動揺した ② 怒った
動 ~を動揺させる
► upset-upset-upset と活用する。

0619 **natural** [nǽtʃərəl]
形 ① 自然の、天然の ② 生まれつきの
副 naturally 自然に;当然
名 nature 自然

0620 **grocery** [gróʊsəri]
名 ① 食料品 ② 食料品店 (≒grocery store)

食品・調味料を表す語
groceryは「(日用の) 食料品や雑貨」を意味する語で、ふだん私たちが生活のためにスーパーマーケットなどで買うものを指します。スーパーマーケットは英語では supermarket 以外に grocery store とも言います。準2級では日常生活の場面が頻繁に取り上げられるので、grocery も非常にたくさん登場します。ここではその一部を見ておきましょう。

Track
062

Nellie entered a photography **contest** with her brother.	ネリーは兄と一緒に写真コンテストに出品した。
I **realized** that I was on the wrong train.	私は自分が違う電車に乗っていることに気づいた。
Jonny studied ancient Mayan **culture** at college.	ジョニーは大学で古代マヤの**文化**を研究した。
The movie can be enjoyed by both children and **adults**.	その映画は子どもも**大人**も楽しめる。
There is a **serious** problem with this plan.	この計画には**重大な**問題がある。
Can you **add** some more salt?	もう少し塩を**足して**もらえますか。
She works out every day to stay **healthy**.	彼女は**健康**を維持するために毎日運動している。
I was **upset** because my brother broke my watch.	弟が私の腕時計を壊したので、私は**動揺した**。
They try to eat as much **natural** food as possible.	彼らはなるべくたくさん**自然**食品を食べるようにしている。
My mother went to the supermarket to buy some **groceries**.	母は**食料品**を買いにスーパーに行った。

□ spice [spáɪs] スパイス
□ bean [bíːn] 豆
□ garlic [gɑ́ːrlɪk] ニンニク
□ ginger [ʤínʤər] ショウガ
□ pepper [pépər] コショウ
□ ketchup [kéʧəp] ケチャップ
□ sausage [sɔ́ːsɪʤ] ソーセージ

06
20

0621 **express** [ɪksprés] ▸▸▸✎
形 ① 急行の ② 速達の
動 ～を表現する
名 expression 表現

0622 **space** [spéɪs]
名 ① 場所、スペース ② 宇宙

0623 **receipt** [rɪsíːt]
名 領収書、レシート
▸ つづりに注意しよう。

0624 **modern** [mάːdərn] ▲アクセント注意。
形 現代の、近代の (⇔ancient)

0625 **conversation** [kὰːnvərséɪʃən]
名 会話
▸ have a conversation with ～ で「～と会話する」という意味。

0626 **fight** [fáɪt]
動 ① (～と) けんかをする ② 戦う、戦争をする
名 けんか
▸ fight-fought-fought と活用する。「〈病気〉と戦う」のような比ゆ的な意味でも使う。

0627 **burn** [bə́ːrn]
動 ① 燃える；～を燃やす ② ～を焦がす

0628 **shelf** [ʃélf]
名 棚、棚板

0629 **common** [kάːmən]
形 普通の、一般的な (≒ordinary) (⇔rare, uncommon)
▸ have *A* in common の項目 (1103) も参照。
副 commonly 一般的に

0630 **symbol** [símbəl]
名 象徴、シンボル
形 symbolic 象徴的な
動 symbolize ～を象徴する

✎ **press (押す) のイメージを広げる**

express には「～を表現する」という意味がありますが、この express は press (～を押す) という動詞に「外に」を意味する接頭辞 ex- がついてできた語です。思っていることを「外に押し出す」ことが「表現する」ことなんですね。press に「中に」を意味する im- をつけると、impress「心の中に印象を押しつける」→「～を感動させる」になります。press を含む語はほかにもいろいろあるので、まとめて見ておきましょう。

The **express** service to the airport is canceled today.	空港行きの**急行**は、本日は運休となります。
This house has enough **space** for a family of five.	この家には5人家族に十分な**スペース**がある。
Edgar forgot to get a **receipt** at the restaurant.	エドガーはレストランで**領収書**をもらい忘れた。
It was one of the largest earthquakes in **modern** history.	それは**近代**史上最大の地震の一つだった。
Peter likes to **have conversations with** his classmates.	ピーターはクラスメートと**話をする**のが好きだ。
Amanda never **fights** with her brothers.	アマンダは決して兄弟と**けんかをし**ない。
The building **burned** for many hours.	その建物は何時間も**燃え続けた**。
He could not reach the salt because it was on the top **shelf**.	一番上の**棚**にあったので、彼は塩に手が届かなかった。
Japanese food has become **common** in many countries.	多くの国で日本食が**一般的**になってきている。
Big Ben is a famous **symbol** of London.	ビッグ・ベンはロンドンの有名な**シンボル**だ。

06
30

□ press [prés] ～を押す
□ impress [ɪmprés] ～を感動させる
□ expression [ɪkspréʃən] 表情
□ pressure [préʃər]（精神的な）圧迫、プレッシャー
□ impression [ɪmpréʃən] 印象

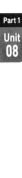

0631 **ceremony** [sérəmòʊni]

名 儀式、式典
形 ceremonial 儀式の

0632 **comedy** [kɑ́ːmədi]

名 喜劇

0633 **screen** [skríːn]

名 画面、スクリーン

0634 **relative** [rélətɪv]

名 親類
形 相対的な（⇔absolute）
副 relatively 比較的

0635 **orchestra** [ɔ́ːrkəstrə] ▲アクセント注意。

名 オーケストラ

0636 **chemistry** [kéməstri]

名 化学
名 形 chemical 化学薬品；化学の

0637 **outdoors** [àʊtdɔ́ːrz]

副 屋外に［で］（⇔indoors）
形 outdoor 屋外の

0638 **delicious** [dɪlíʃəs] ▲アクセント注意。

形 とてもおいしい
► 元々意味の強い語なので、very や really では修飾しない。

0639 **mind** [máɪnd]

動 ～を気にする、嫌だと思う
名 ① 考え、意見 ② 記憶（力）
► 動詞では、後ろに動詞がくるときは *doing* の形になる。

0640 **character** [kǽrəktər]

名 ①（登場）人物 ② 性格
► main character で「主人公」という意味。

携帯関連の用語

「スクリーン」は日本語にもなっているので、皆さんにもなじみがあるでしょう。テレビ、コンピュータ、携帯電話、そして映画のスクリーンもすべて screen と言います。ここでは準 2 級で登場した携帯電話に関連する語をまとめて見ておきましょう。

Track 064

The award **ceremony** was held at a famous hotel.	その授賞**式**は有名なホテルで行われた。
Harold went to see a **comedy** show with a friend last night.	ハロルドは昨夜、友人と**コメディ**ショーを見に行った。
Her TV fell off the shelf and the **screen** broke.	彼女のテレビは棚から落ちて**画面**が壊れた。
Many **relatives** gathered for my grandmother's 100th birthday.	祖母の 100 歳の誕生日パーティーに多くの**親戚**が集まった。
Marnie plays the clarinet in a professional **orchestra**.	マーニーはプロの**オーケストラ**でクラリネットを吹いている。
We did an experiment in **chemistry** class today.	今日、**化学**の授業で実験をした。
It is too hot to exercise **outdoors** today.	今日は、**屋外で**運動するには暑すぎる。
This is the most **delicious** soup I've ever had.	これは今まで食べた中で一番**おいし**いスープだ。
They did not **mind** work**ing** on weekends.	彼らは週末に働くのを**嫌がら**なかった。
I like the **main character** of this story very much.	私はこの話の**主人公**が大好きだ。

06 ► 40

□ smartphone [smάːrtfòʊn] スマートフォン
□ password [pǽswə̀ːrd] パスワード
□ application [æ̀plɪkéɪʃən] アプリ（app と略すこともある）
□ charger [tʃάːrdʒər] 充電器
□ battery [bǽtəri] 電池
□ tap [tǽp]（～を）タップする、軽くたたく

0641 **central**
[séntrəl]
形 ① 中心の、中央の
② 中心的な、主要な (≒major) (⇔minor)
名 center 中心

0642 **invitation**
[ìnvətéɪʃən]
名 招待、招待状
動 invite ～を招待する

0643 **system**
[sístəm]
名 ① 装置、システム ② 仕組み、体系
形 systematic 体系的な

0644 **touch**
[tʌ́tʃ]
動 ～に触れる、触る
名 接触

0645 **major**
[méɪdʒər] ▲ 発音注意。
形 主要な (⇔minor)
名 専攻
► 「専攻する」という動詞の意味もある。major in ～ の項目 (1120) を参照。

0646 **law**
[lɔ́ː]
名 ① 法律 ② 法則

0647 **poem**
[póʊəm] ▲ 発音注意。
名 (一編の) 詩
名 poetry (集合的に) 詩
名 poet 詩人

0648 **tie**
[táɪ]
動 ～を結ぶ、結びつける
名 ネクタイ
► 現在分詞は tying。「ネクタイ」は necktie とも言う。

0649 **challenge**
[tʃǽlɪndʒ]
名 (難しい) 課題、やりがいのある仕事
動 ～に異議を唱える (≒dispute)
► 日本語の「チャレンジ」とは意味が異なるので注意。
形 challenging (困難だが) やりがいのある

0650 **sincerely**
[sɪnsíərli]
副 心から
形 sincere (感情などが) 心からの

文学関連の語
poem は「(一編の) 詩」のことを指し、文学ジャンルとしての「詩」は poetry と言います。準 2 級ではさまざまな文学ジャンルの話題が出題されるので、ここでは文学関連の用語をまとめて見ておきましょう。

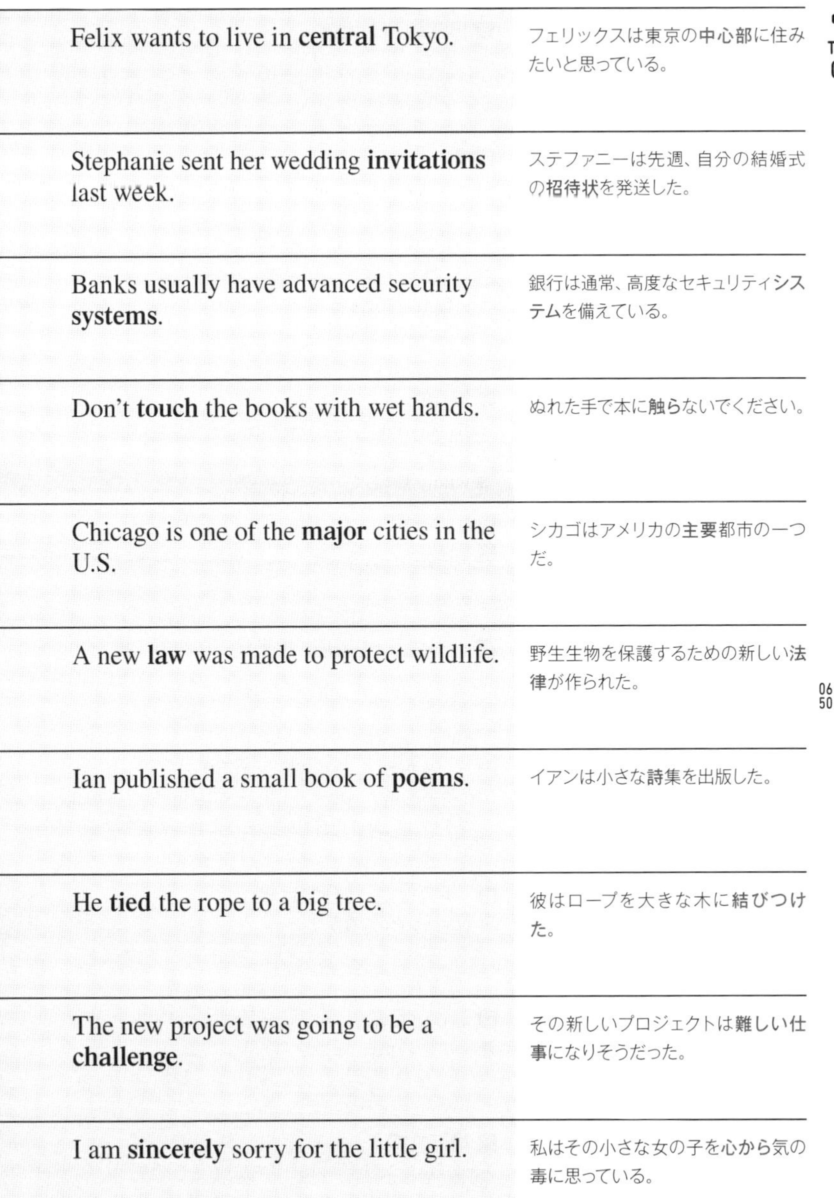

Track
065

Felix wants to live in **central** Tokyo.	フェリックスは東京の**中心部**に住みたいと思っている。
Stephanie sent her wedding **invitations** last week.	ステファニーは先週、自分の結婚式の**招待状**を発送した。
Banks usually have advanced security **systems**.	銀行は通常、高度なセキュリティ**システム**を備えている。
Don't **touch** the books with wet hands.	ぬれた手で本に**触ら**ないでください。
Chicago is one of the **major** cities in the U.S.	シカゴはアメリカの**主要**都市の一つだ。
A new **law** was made to protect wildlife.	野生生物を保護するための新しい**法律**が作られた。
Ian published a small book of **poems**.	イアンは小さな**詩集**を出版した。
He **tied** the rope to a big tree.	彼はロープを大きな木に**結びつけ**た。
The new project was going to be a **challenge**.	その新しいプロジェクトは**難しい仕事**になりそうだった。
I am **sincerely** sorry for the little girl.	私はその小さな女の子を**心から**気の毒に思っている。

06
50

□ novel [ná:vl] 小説
□ mystery [místəri] ミステリー（作品）
□ romance [roumǽns] 恋愛小説
□ comedy [ká:mədi] 喜劇
□ science fiction [sáiəns fíkʃən] SF小説

0651 **daily** [déɪli]
形 日常の、日々の

0652 **corner** [kɔ́ːrnər]
名 角(かど)

0653 **effect** [ɪfékt]
名 ① 効果、影響 ② 結果（⇔cause）
形 effective 効果的な
副 effectively 効果的に

0654 **wild** [wáɪld]
形 野生の
► in the wild（野生で）、wildlife（野生生物）という語句も覚えておこう。
副 wildly 荒々しく

0655 **gain** [géɪn]
動 ① ～を得る ② 〈数量など〉を増やす
名 利益

0656 **sight** [sáɪt]
名 ①［複数形で］名所、観光地 ② 視覚、視力

0657 **lie** [láɪ]
動 ① 横たわる ② ある、位置する
► lie-lay-lain と活用する。同じつづりで「うそ；うそをつく」という意味の語もあるが、その場合の活用は lie-lied-lied。

0658 **connect** [kənékt]
動 ～をつなぐ、結びつける
名 connection つながり

0659 **sadly** [sǽdli]
副 悲しそうに
形 sad 悲しい

0660 **useful** [júːsfl]
形 役に立つ
► use（役立つこと）＋ -ful（満ちた）からできた語。

不規則活用はきちんと覚える (2)

lie（横たわる）は上の注記にも書いたように不規則活用をする動詞です。やっかいなのは「うそをつく」という意味の lie は規則活用をする点、さらに「横たわる」の意味の活用の lie-lay-lain の過去形 lay は「～を横たえる」という動詞の原形でもある点です。lie [láɪ] は「横た**わ**る」(←あ行)、lay [léɪ] は「横た**え**る」(←え行) と覚えておきましょう。p. 014 同様、準 2 級で出題される不規則活用動詞を見ておきましょう。

Track 066

Language is a part of our **daily** lives.	言語は私たちの**日常**生活の一部だ。
The post office is on the **corner**.	郵便局はそこの**角**にある。
Healthy diet has a positive **effect** on sleep quality.	健康的な食事は睡眠の質によい**影響**を与える。
You can see many **wild** deer in the area.	その地域では多くの**野生の**シカを見ることができる。
He **gained** many followers after his latest video.	最新動画を投稿したあと、彼は多くのフォロワーを**獲得した**。
New York City has a lot of **sights** to see.	ニューヨークには見るべき**名所**がたくさんある。
The child **lay** on the floor and cried.	その子どもは床に**寝そべって**泣いた。
The street **connects** the college to the downtown area.	その通りは大学と中心街とを**結びつけている**。
He looked **sadly** at the broken camera.	彼は**悲しそうに**壊れたカメラを見た。
I found a very **useful** website for learning English.	私は英語を学ぶのにとても**役に立つ**ウェブサイトを見つけた。

06 60

□ spend (〈金〉を使う) → spend-spent-spent　□ ride (～に乗る) → ride-rode-ridden
□ broadcast (～を放送する) → broadcast-broadcast-broadcast
□ drive ((～を) 運転する、車で行く) → drive-drove-driven
□ bring (～を持ってくる [いく]、連れてくる [いく]) → bring-brought-brought

0661 **garbage** [gáːrbɪʤ]
名 ごみ (≒rubbish, trash)

0662 **application** [æ̀plɪkéɪʃən]
名 ① 申込(書) ② アプリ
► ②の意味では app と略すこともある。
動 apply 申し込む

0663 **pick** [pík]
動 ① ~を摘む ② ~を選ぶ
► pick up の項目 (1035) も参照。

0664 **electricity** [ɪlèktrísəti]
名 電気、電力
形 electric 電気の、電動の

0665 **display** [dɪspléɪ]
動 ~を展示する、陳列する
名 ① 展示 ② (花火の) 打ち上げ

0666 **usual** [júːʒuəl]
形 普通の、いつもの
副 usually 普通、たいてい

0667 **beside** [bɪsàɪd]
前 ~のそばに
► 副詞の besides (そのうえ) と混同しないように注意。

0668 **suddenly** [sʌ́dnli]
副 突然
形 sudden 突然の

0669 **compete** [kəmpíːt]
動 ① 競争する ② (競技に) 参加する
名 competition 競争、競技
形 competitive 競争力のある

0670 **debate** [dɪbéɪt]
名 討論(会)、議論
動 (~を) 議論する (≒argue)

いろいろな家電

electricity は「電気」という意味の名詞です。形容詞形の electric も electric fan (扇風機) や electric guitar [piano] (エレキギター [電子ピアノ]) などの形で準 2 級に登場しています。ここではいろいろな家電の言い方を見ておきましょう。

Track 067

Garbage is collected every Monday and Thursday.	ごみは毎週月曜日と木曜日に収集される。
All **applications** must be filled out using black pen.	申請書はすべて、黒のペンで記入しなければなりません。
Don't **pick** the strawberries in this garden.	この菜園のいちごを摘まないでください。
My parents often tell me not to waste **electricity**.	両親はよく私に電気を無駄にしないように言う。
The museum **displayed** many ancient Chinese tools.	その博物館には古代中国の道具が多数展示されていた。
Let's get our **usual** dessert today too.	今日もいつものデザートを食べましょう。
She put the magazine **beside** her.	彼女は雑誌を自分のそばに置いた。
The rain started so **suddenly** that everyone got wet.	雨があまりに突然降り出したので、みんなぬれてしまった。
The runners **competed** with each other for the first prize.	ランナーたちは優勝を目指して競い合った。
The students had a **debate** about school uniforms.	生徒たちは学校の制服について討論した。

06
70

□ light bulb [láɪt bʌ̀lb] 電球　□ air conditioner [éər kəndìʃənər] エアコン
□ microwave oven [máɪkrəweɪv ʌ̀vn] 電子レンジ（＊ oven の発音に注意）
□ refrigerator [rɪfrídʒərèɪtər] 冷蔵庫　□ washing machine [wɑ́ːʃɪŋ məʃìːn] 洗濯機

0671 **double**
[dʌ́bl]
動 2倍になる、倍増する
形 2人用の、ダブルの
►「3倍になる」は triple。

0672 **calm**
[kɑ́:m] ▲発音注意。
形 冷静な、落ち着いた（⇔upset）
動 ～を落ち着かせる
副 calmly 静かに

0673 **scenery**
[sí:nəri]
名（美しい）景色、風景
►（ある地方の）自然の風景全体を言う。一地点からの眺めは scene。
名 scene 場面、光景

0674 **marry**
[mǽri]
動 ～と結婚する
► marry with ～ とは言わないので注意。get married（結婚する）という表現も覚えておこう。
名 marriage 結婚　形 married 既婚の

0675 **talent**
[tǽlənt]
名 才能
►「テレビタレント」の意味はない。
形 talented 才能のある

0676 **avoid**
[əvɔ́ɪd]
動 ～を避ける
► 後ろに動詞がくるときは *do*ing の形になる。

0677 **intelligent**
[ɪntélɪdʒənt]
形 知能の高い、頭のよい
名 intelligence 知能

0678 **polite**
[pəláɪt]
形 礼儀正しい、丁寧な（⇔impolite, rude）
副 politely 礼儀正しく

0679 **trick**
[trík]
名 芸当、手品

0680 **flow**
[flóʊ]
動 流れる
名 流れ

後ろに動名詞しかこない動詞

「～するのが好きだ」は like to *do* と like *do*ing の2通りの言い方ができます。つまり like は、後ろに不定詞も動名詞もどちらもきます。ところが「～したい」と言うとき want to *do* とは言いますが、want *do*ing とは言えません。これとは反対に avoid（～を避ける）や enjoy（～を楽しむ）、mind（～を気にする）、give up（～をあきらめる）などは後ろに *do*ing はきますが、to *do* はきません。

The company's sales have **doubled** in the past three years.	その会社の売上はこの３年で倍増した。
Justin was **calm** when he learned about the accident.	事故のことを知ったとき、ジャスティンは冷静だった。
You can enjoy beautiful **scenery** along the river.	川沿いに美しい風景を楽しむことができます。
He **married** Linda last year.	彼は去年リンダと結婚した。
She has natural **talent** as a singer.	彼女には歌手としての持って生まれた才能がある。
Please **avoid** speak**ing** loudly in the elevator.	エレベーター内で大声で話すのはお控えください。
Chimpanzees are highly **intelligent** animals.	チンパンジーは非常に知能の高い動物だ。
The waiters of the restaurant are **polite**.	そのレストランのウエーターは礼儀正しい。
The magician showed the audience her new card **trick**.	マジシャンは観客に新しいトランプの手品を披露した。
The river is **flowing** very slowly.	その川はとてもゆっくりと流れている。

I don't **enjoy** driv**ing** so far to work every day.（毎日そんなに遠くまで車で通勤するのは楽しくない）
I **gave up** drink**ing** coffee last year.（昨年コーヒーを飲むのをやめた）

0681 **honor** [ɑ́:nər] ▲発音注意。

動 ～に栄誉を与える、～を称賛する
名 名誉、栄誉

0682 **even** [í:vn]

副 ～さえ

0683 **feature** [fí:tʃər]

動 ～を特集する、売りにする
名 特徴
► future（未来）と混同しないように注意。

0684 **dramatic** [drəmǽtɪk]

形 劇的な
名 drama 劇
副 dramatically 劇的に

0685 **wrap** [rǽp]

動 ～を包む、～に巻きつける
► 食品用の「ラップ」はふつう plastic wrap と言う。

0686 **mayor** [méɪər]

名 市長、町長

0687 **sweep** [swí:p]

動 ～を掃く
► sweep-swept-swept と活用する。

0688 **situation** [sìtʃuéɪʃən]

名 状況、情勢

0689 **puzzle** [pʌ́zl]

名 パズル
動 ～を困惑させる
► z は 2 つ。

0690 **handsome** [hǽnsəm]

形 ハンサムな

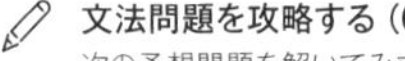

文法問題を攻略する (6)

次の予想問題を解いてみましょう。

Joe (　　) the guitar since he was five years old, so he can now play difficult songs easily.

1 will practice　　2 has been practicing　　3 practices　　4 being practiced

The sales team was **honored** by the president at the ceremony.	販売チームはセレモニーで社長から表彰された。
Playing this song is difficult **even** for professional pianists.	この曲を弾くのはプロのピアニストでさえ難しい。
The magazine **features** an article about the royal family.	その雑誌は王室に関する記事を売りにしている。
There has been a **dramatic** change in prices in recent years.	近ごろ物価が劇的に変化している。
Emma always has her Christmas presents **wrapped**.	エマはいつもクリスマスプレゼントを包んでもらう。
Chris was elected **mayor** of the city.	クリスはその市の市長に選ばれた。
Don't come into the kitchen until I've **swept** the broken glass.	私が割れたガラスを掃いてしまうまで、台所に入ってこないで。
His financial **situation** improved when he changed his job.	転職して彼の経済状況は改善した。
This **puzzle** has over 1,000 pieces.	このパズルは、1,000 ピース以上ある。
Cindy's boyfriend is **handsome**.	シンディーのボーイフレンドはハンサムだ。

practice the guitar で「ギターを練習する」という意味なのはわかりますね。ポイントはそのあとの since he was five years old の箇所。「5 歳のときから」という意味で、これまで続いていることを表す表現です。このように過去から現在まで続いている行為などを表すには現在完了形が使われますが、特に「ずっと行為が続いている」ニュアンスを表すには現在完了進行形が使われます。正解は 2 です。「ジョーは 5 歳のときからギターを練習しているので、今では難しい曲も簡単に弾くことができる。」

0691 **magic** [mǽdʒɪk]

名 ① 手品、マジック ② 魔法
形 魔法の
▸ magic trick（手品）という表現も覚えておこう。
形 magical 魔法の、不思議な　名 magician 手品師

0692 **alone** [əlóʊn]

副 一人で

0693 **volume** [vɑ́ːljəm] ▲アクセント注意。

名 ① 音量、ボリューム ② 量、数量

0694 **concern** [kənsə́ːrn]

名 心配、懸念
動 ～を心配させる（≒worry）
▸ be concerned about ～ の項目（1213）も参照。
形 concerned 心配して　前 concerning ～について

0695 **greatly** [gréɪtli]

副 非常に、大幅に
形 great 大きい；素晴らしい

0696 **branch** [brǽntʃ]

名 ①（木の）枝 ② 支社、支店

0697 **knock** [nɑ́ːk] ▲発音注意。

動 ノックする、たたく

0698 **lazy** [léɪzi]

形 怠惰な、怠けた
副 lazily 怠けて

0699 **widely** [wáɪdli]

副 広く、広範囲に
形 wide 広い
名 width 幅

0700 **manual** [mǽnjuəl]

名 説明書、マニュアル

植物関連の言葉

branch は「（木の）枝」という意味で、派生的に会社の「支社、支店」という意味も表します。植物関連では flower（花）や leaf（葉）などはおなじみだと思いますが、ここでは準 2 級で登場した、それ以外の植物関連の言葉を見ておきましょう。water には「水」という名詞以外の意味もあることを覚えておきましょう。

Track
070

The children were very excited by the **magic** show.	子どもたちはマジックショーに大興奮だった。
She sometimes goes to a restaurant and eats **alone**.	彼女は時々一人でレストランに行って食事をする。
Listening to music at high **volume** damages your ears.	大音量で音楽を聴くと耳を傷めますよ。
The teacher listens carefully to the parents' **concerns**.	その教師は親たちの悩みによく耳を傾けている。
The number of sick people **greatly** increased over winter.	冬の間に患者の数が**大幅に**増加した。
The storm broke many tree **branches**.	嵐でたくさんの木の**枝**が折れた。
The police **knocked** on their door early in the morning.	警察は朝早く彼らの家のドアを**ノックした**。
The **lazy** student always gets bad grades.	その**怠け者の**生徒はいつも成績が悪い。
The area is **widely** known for its great wine.	その地域は素晴らしいワインで**広く**知られている。
He lost the **manual** for his new microwave oven.	彼は新しい電子レンジの**取扱説明書**をなくした。

07
00

□ plant [plǽnt] 植物　□ seed [síːd] 種　□ root [rúːt] 根
□ water [wɑ́ːtər] ～に水をやる　□ bloom [blúːm] 花が咲く

0701 **prove**
[prúːv] ▲発音注意。

動 ① ～を証明する ② わかる、判明する
名 proof 証拠

0702 **sentence**
[séntns]

名 文
►「語」は word、「句」は phrase、「段落」は paragraph と言う。

0703 **importance**
[ɪmpɔ́ːrtns]

名 重要性、重大さ
形 important 重要な

0704 **statement**
[stéɪtmənt]

名 発言、述べられたこと
動 state ～を明確に述べる

0705 **entertainment**
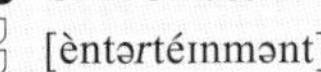
[èntərtéɪnmənt]

名 娯楽、気晴らし
動 entertain ～を楽しませる
名 entertainer エンターテイナー

0706 **industry**
[índəstri]

名 産業
形 industrial 産業の

0707 **join**
[ʤɔ́ɪn]

動 ～に加わる

0708 **consumer**
[kəns(j)úːmər]

名 消費者
動 consume ～を消費する
名 consumption 消費

0709 **husband**
[hʌ́zbənd]

名 夫（⇔ wife）

0710 **astronaut**
[ǽstrənɔ̀ːt]

名 宇宙飛行士

娯楽関連の語
entertainment。日本語でも「エンターテインメント」（略して「エンタメ」）、「エンターテイナー」と言うので比較的難易度の高い語ながら、おなじみの単語かもしれません。しかし英語の entertainment は広く「娯楽」を意味し、家族でゲームをすることや一人で読書をすることなども含意する語です。ここでは娯楽関係の語を見ておきましょう。

Track 071

The fact **proved** that he was wrong.	その事実は、彼が間違っていることを**証明した**。
There are a lot of beautiful **sentences** in this novel.	この小説の中には美しい**文**がたくさんある。
The festival has a great **importance** for the community.	その祭りは地域社会にとって大きな**重要性**を持っている。
He made a **statement** at the meeting.	彼は会議で**発言**した。
They played a game for **entertainment**.	彼らは**気晴らし**にゲームをした。
Tourism is the country's main **industry**.	観光はその国の主要**産業**だ。
I want to **join** the soccer team.	私はそのサッカーチームに**入り**たい。
We need to know more about **consumers'** needs.	私たちはもっと**消費者**のニーズを知る必要がある。
Anna met her **husband** 15 years ago.	アンナは 15 年前に**夫**と出会った。
Valentina Tereshkova was the first female **astronaut** in space.	ワレンチナ・テレシコワは宇宙に行った初の女性**宇宙飛行士**だった。

07 ▸ 10

□ roller coaster [róulər kòustər] ジェットコースター
□ fireworks [fáıərwə̀ːrks] 花火
□ barbecue [báːrbıkjùː] バーベキュー
□ circus [sə́ːrkəs] サーカス
□ gardening [gáːrdnıŋ] ガーデニング

0711 **stick** [stík]
名 (木の) 棒
動 ～を貼る、くっつける
► stick-stuck-stuck と活用する。
形 sticky ねばねばする

0712 **sketch** [skétʃ]
名 ① スケッチ、素描 ② 概略
動 (～を) スケッチする

0713 **crash** [krǽʃ]
動 衝突する
名 衝突

0714 **flash** [flǽʃ]
名 閃光、(一瞬の) きらめき
動 きらめく
► flashlight (懐中電灯) という語も覚えておこう。

0715 **suitable** [sú:təbl]
形 適した、ふさわしい
動 suit ～に適する

0716 **knit** [nít] ▲発音注意。
動 ～を編む

0717 **observe** [əbzə́:rv]
動 ① ～を観察する
② 〈法など〉を順守する (≒follow, obey)
名 observation 観察
名 observer 目撃者、観察者

0718 **counter** [káuntər]
名 (店・銀行などの) カウンター

0719 **foolish** [fú:lɪʃ]
形 愚かな、ばかげた
名 fool 愚か者

0720 **emotion** [ɪmóuʃən]
名 感情
形 emotional 感情的な
副 emotionally 感情的に

kn- の k は発音しない

knit は「～を編む」という意味の動詞。日本語でも「ニットのセーター」のように言いますが、knit の k は発音しません。そう言えば、know の k も発音しませんね。実は昔は発音していたそうですが、現在では kn- のつづりの k は発音しません。ここでは kn- を含む単語をまとめて見ておきましょう。(knob は準 2 級未出題語です。)

Track
072

The boy was holding a wooden **stick** in his hand.	その男の子は手に木の**棒**を握っていた。
She made a **sketch** of her cat.	彼女は飼いネコの**スケッチ**をした。
The car **crashed** into the convenience store.	その車はコンビニエンスストアに**衝突した**。
There was a **flash** before they heard the thunder.	雷鳴が聞こえる前に**閃光**が走った。
This movie is not **suitable** for young children.	この映画は幼い子どもには**ふさわしく**ない。
Casey learned how to **knit** sweaters.	ケイシーはセーターの**編み方**を覚えた。
The cat **observed** the fish in the tank.	ネコは水槽の魚を**観察した**。
Gail placed her money on the **counter**.	ゲイルはお金を**カウンター**の上に置いた。
Why did you do such a **foolish** thing?	なぜそんな**ばかな**ことをしたのですか。
Aaron does not know how to express his **emotions**.	アーロンは**感情**の表わし方がわからない。

07 ► 20

□ knife [náɪf] ナイフ　□ knee [ní:] ひざ　□ knowledge [ná:lɪdʒ] 知識
□ knock [ná:k] ノックする、たたく　□ knob [náb]（ドアの）ノブ

0721 **insist**
[ɪnsíst]

動 (～を) 主張する
► 続く that 節の動詞は原形になる。
名 insistence 主張

0722 **summary**
[sʌ́məri]

名 概要、要約
動 summarize ～を要約する

0723 **envelope**
[énvəlòʊp]

名 封筒
► envelop [ɪnvéləp] は「～を包む、くるむ」。

0724 **consult**
[kənsʌ́lt]

動 〈専門家など〉に相談する
名 consultant 顧問、コンサルタント
名 consultation 相談

0725 **extend**
[ɪksténd]

動 ～を伸ばす、〈期間など〉を延ばす
形 extensive 広い、広範囲の
名 extension 延長、拡張

0726 **desire**
[dɪzáɪər]

名 欲求、欲望
動 ～を切望する

0727 **shorten**
[ʃɔ́ːrtn]
►►►✎

動 ～を短くする、短縮する

0728 **humor**
[hjúːmər] ▲ 発音注意。

名 ユーモア
形 humorous おかしい、ユーモラスな

0729 **blame**
[bléɪm]

動 ～を非難する、～のせいにする
名 責任

0730 **purchase**
[pə́ːrtʃəs]

名 購入、買い物
動 ～を購入する
► buy よりも堅い語。

✎ **en をつけて動詞にする**

shorten (～を短くする) という語を見て、何か気づくことはありませんか。そう、short (短い) の語尾に -en がついていますね。-en がつくことで他動詞になっているのです。このように名詞や形容詞の語尾に -en がついて他動詞になっている語はほかにもあります。また、「語頭」に en- がつくことで他動詞になっている語もあります。覚えておきたいものをいくつかご紹介しましょう。

The doctor **insisted** that she continue to rest.	医者は、彼女が引き続き安静にするべきだと**主張した**。
He gave a **summary** of the progress of the construction.	彼は工事の進捗について**概要**を説明した。
Amber put the letter in an **envelope**.	アンバーは手紙を**封筒**に入れた。
You should **consult** a lawyer before you sign the contract.	契約書にサインする前に弁護士に**相談する**べきだ。
Ms. James **extended** the deadline for the report.	ジェイムズ先生はレポートの期限を**延ばした**。
The children have a strong **desire** for knowledge.	その子どもたちには強い知識**欲**がある。
The movie was **shortened** to 90 minutes.	その映画は 90 分に**短縮された**。
Her speech was full of **humor**.	彼女のスピーチは**ユーモア**にあふれていた。
He always **blames** others for his problems.	彼はいつも問題を他人の**せいにする**。
The car was the most expensive **purchase** he had ever made.	その車は彼がそれまでにした中で最も高い**買い物**だった。

07
30

□ threat [θrét]（脅威）＋ -en ＝ □ threaten [θrétn]（～を脅かす）
□ fright [fráɪt]（恐怖）＋ -en ＝ □ frighten [fráɪtn]（～を怖がらせる）
□ tight [táɪtn]（きつい）＋ -en ＝ □ tighten [táɪtn]（～をきつく締める）
□ en- ＋ danger [déɪndʒər]（危険）＝ □ endanger [ɪndéɪndʒər]（～を危険にさらす）
□ en- ＋ courage [kɔ́ːrɪdʒ]（勇気）＝ □ encourage [ɪnkɔ́ːrɪdʒ]（～を勇気づける）

0731 **mild** [máɪld]
形 ① (気候が) 温暖な (≒gentle)
② 〈食べ物などが〉刺激の少ない

0732 **precious** [préʃəs]
形 貴重な、かけがえのない

0733 **race** [réɪs]
名 ① 競走、レース ② 人種

0734 **depend** [dɪpénd]
動 頼る、依存する
► depend on [upon] ～ で「～に頼る、依存する、～次第だ」という意味。
形 dependent 依存した

0735 **estimate** [動 éstəmèɪt 名 éstəmət]
動 ～を見積もる
名 見積もり
形 estimated 推定の、概算の
名 estimation 概算

0736 **fault** [fɔ́:lt]
名 ① 過失、(過失の) 責任 ② 欠点
形 faulty 欠陥のある

0737 **neatly** [ní:tli]
副 きちんと、整然と
形 neat きちんとした

0738 **switch** [swítʃ]
動 切り替える、取り換える
► switch on [off] を「スイッチを入れる [切る]」という表現も覚えておこう。

0739 **socially** [sóʊʃəli]
副 ① 社交的に ② 社会的に
形 social 社交的な；社会的な
名 society 社会

0740 **permission** [pərmíʃən]
名 許可
動 permit ～を許可する

文法問題を攻略する (7)
次の予想問題を解いてみましょう。
The reason (　　) Ms. Tanaka is so popular with her students is because she is very kind to everyone.
1 where　2 what　3 when　4 why

We have **mild** weather in winter here.	ここは冬の気候が温暖だ。
Don't waste your **precious** time worrying about little things.	ささいなことを気にして**貴重な**時間を浪費してはいけない。
A lot of people joined the **race**.	多くの人々が**レース**に参加した。
The price of diamonds **depends on** their size and quality.	ダイヤモンドの値段はサイズと品質**による**。
We **estimated** that the project would take two months.	私たちはそのプロジェクトは２か月かかると**見積もった**。
It's not my **fault**.	それは私の**責任**ではありません。
Beth is always **neatly** dressed.	ベスはいつも**きちんと**した服装をしている。
How about **switching** to another topic?	別の話題に**変え**ませんか。
Greg only drinks **socially**, never at home by himself.	グレッグは**付き合いで**飲むだけで、家で一人では決して飲まない。
You must get **permission** to park here.	ここに車を止めるには**許可**を取る必要があります。

関係詞を選ぶ問題。先行詞が「理由」の場合は関係副詞の why を使います。正解は 4 です。「時間」なら when、「場所」なら where を使います。「田中先生が生徒の間でそんなに人気なのは、彼女が皆にやさしいからだ。」
The place **where** I feel most relaxed is my apartment.（私が一番リラックスできるのは自分のアパートだ）
She'll always remember the day **when** he proposed to her.（彼からプロポーズされた日のことを彼女はずっと覚えているだろう。）

0741 **victim**
[víktɪm]
名 被害者、被災者

0742 **function**
[fʌ́ŋkʃən]
名 機能、働き
動 作動する、働く
形 functional 機能的な

0743 **edge**
[édʒ]
名 ① 端、へり ② 刃
► スキーやスケートの「エッジ」もこの edge。

0744 **embarrass**
[ɪmbérəs]
動 ～に恥ずかしい思いをさせる（≒shame）
名 embarrassment 恥ずかしさ、困惑

0745 **legal**
[líːgl]
形 ① 法律の ② 合法の（⇔illegal）
副 legally 法的に

0746 **expand**
[ɪkspǽnd]
動（～を）拡大する、拡張する
名 expansion 拡大、拡張

0747 **frame**
[fréɪm]
名 枠、フレーム

0748 **resource**
[ríːsɔːrs] ▲アクセント注意。
名［通例複数形で］資源

0749 **examination**
[ɪgzæ̀mənéɪʃən]
名 試験
► exam と略すこともある。
動 examine ～を調査する

0750 **fold**
[fóʊld]
動 ～を折りたたむ
► fold *one's* arms（腕を組む）のような使い方もある。

法律・裁判関連の語

legal は「法律の」という意味の語で、law（法律）の形容詞です。法律や裁判に関する場面は準２級ではそれほど多く登場するわけではありませんが、知っていれば出題されたときにあわてずに済みます。ここでは準２級で登場した法律・裁判関連の語を見ておきましょう。

Track
075

Support came from all over the country for the earthquake **victims**.	地震の**被災者**に全国から支援が寄せられた。
This software has various **functions**.	このソフトにはさまざまな**機能**がある。
He hit his hand on the **edge** of the table.	彼はテーブルの**端**に手をぶつけた。
My kids **embarrassed** me with their bad behavior.	子どもたちの行儀の悪さで私は**決まりの悪い思いをした**。
Please speak to your lawyer for **legal** advice.	**法律的な**アドバイスについては、弁護士にご相談ください。
The company **expanded** its business into the Asian market.	その会社は事業をアジア市場に**拡大した**。
She likes glasses with thin **frames**.	彼女は細い**フレーム**のメガネが好きだ。
Australia is rich in natural **resources**.	オーストラリアは天然**資源**が豊富だ。
We took an **examination** in science last week.	私たちは先週、科学の**試験**を受けた。
She **folded** the paper in four.	彼女は紙を四つ**折り**にした。

07
50

□ crime [kráɪm] 犯罪　□ thief [θíːf] 泥棒　□ guilty [gílti] 有罪の　□ court [kɔ́ːrt] 裁判所
□ prison [prízn] 刑務所

0751 **fulfill** [fʊlfíl]

動 ① ～を果たす、実行する（≒carry out）
② 〈条件など〉を満たす（≒meet, satisfy）

0752 **link** [líŋk]

動 ～を結びつける
名 関連、結びつき（≒relation）
► インターネットの「リンク（を貼る）」もこの link。

0753 **reject** [rɪʤékt]

動 ～を拒否する、不採用とする（⇔accept）
名 rejection 拒否

0754 **straight** [stréɪt]

形 まっすぐな
副 まっすぐに

0755 **relation** [rɪléɪʃən]

名 関係
► related to ～（～に関連する）という表現も覚えておこう。

0756 **own** [óʊn]

形 自分自身の
動 ～を所有している
名 owner 所有者

0757 **cancel** [kǽnsl]

動 ～を中止する、キャンセルする

0758 **later** [léɪtər]

副 ① あとで ② ～後に
► 15 years later なら「15 年後に」という意味。

0759 **probably** [prɑ́:bəbli]

副 おそらく、たぶん

0760 **honey** [hʌ́ni]

名 ① あなた、君 ② はちみつ
► ①は、恋人、夫、妻などに対して呼びかけで使う。

注意すべき前置詞（2）

「～の上に」を表す前置詞には on、over、above などがあります。どう違うか、わかりますか？ on は接触を意味する言葉なので「（接触した状態で）上に」、over は真上にあることを意味し、特に「覆ったり」、「上方を移動したり」するときに使います。above は真上でなくてもよく、「上の方に」というニュアンス。大雑把には右ページのイラストでイメージしておきましょう。

Track
076

He **fulfilled** his promise to visit our country.	彼はわが国を訪れるという約束を果たした。
The tunnel **links** Europe and Asia.	そのトンネルはヨーロッパとアジアをつないでいる。
My boss **rejected** my new idea.	上司は私の新しいアイデアを**却下**した。
She drew a **straight** line without using a ruler.	彼女は定規を使わずにまっすぐな線を引いた。
India is trying to build good **relations** with those countries.	インドはそれらの国々とよい**関係**を築こうとしている。
She started her **own** company last year.	彼女は去年、**自分自身**の会社を始めた。
Paul **canceled** his birthday party because he was sick.	病気のため、ポールは誕生日パーティーを**中止**した。
I will call you back **later**.	あとでこちらからかけ直します。
She is **probably** right.	おそらく彼女の言っていることは正しい。
How about eating out tonight, **honey**?	ねえ、今晩は外食するのはどう？

07
60

clouds on the mountain

clouds over the mountain

clouds above the mountain

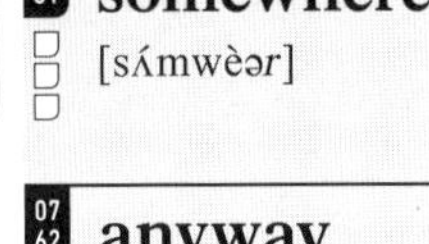

0761 somewhere [sʌ́mwèər]

副 どこかに［で］

0762 anyway [éniwèɪ]

副 とにかく

0763 report [rɪpɔ́ːrt]

名 ① 報告書、レポート ② 報道、記事
動 ～を報告する
名 reporter（新聞・テレビなどの）記者

0764 create [kriéɪt]

動 ～を作る、生み出す
► game creator（ゲームクリエイター）は「ゲームを作る人」のこと。
名 creation 創造　形 creative 創造的な

0765 check [ʧék]

動（～を）調べる、確認する
名（レストランの）勘定書、請求書

0766 customer [kʌ́stəmər]

名（店などの）客
► ホテルやパーティーなどの「客」は guest と言う。

0767 win [wín]

動 ①〈試合など〉に勝つ（⇔lose）
②〈賞・勝利など〉を勝ち取る
► win-won-won と活用する。

0768 special [spéʃəl]

形 特別な
名 特別料理、おすすめメニュー

0769 medicine [médəsn]

名 ① 薬 ② 医学
形 medical 医療の

0770 date [déɪt]

名 ① 日取り、日付 ② デート
► go on a date（デートに行く）という表現も覚えておこう。

医療関連の用語（2）

medicine は「薬；医学」という意味の名詞です。medi は「いやす」という意味の語根で、medical（医学の）という形容詞もあります。「薬を飲む」は take medicine と言い、drink medicine とは言わないので気をつけましょう。p. 032 の fever のところで医療関連の用語を見てきましたが、ここでも準 2 級で登場した医療関連の用語を見ておきましょう。

Track 077

Why don't we go **somewhere** for lunch?	お昼を食べに**どこか**へ行きませんか。
Anyway, you should watch the movie.	**とにかく**、その映画は見るべきだよ。
I have to finish my chemistry **report** by Friday.	私は金曜日までに化学の**レポート**を終えなければならない。
Lyle **created** a map app for smartphones.	ライルはスマホ用の地図アプリを**作った**。
Can you **check** the weather report?	天気予報を**確認**してもらえますか。
The shopping mall was crowded with **customers**.	ショッピングモールは**客**で混み合っていた。
Henry **won** every race that day.	ヘンリーはその日すべてのレースに**勝った**。
The store is having a **special** sale right now.	その店では今、**特別**セールをしている。
I do not want to take this **medicine** anymore.	私はもうこの**薬**は飲みたくない。
I'd like to change the **date** of the next meeting.	次のミーティングの**日取り**を変更したいのですが。

07 ► 70

□ injured [índʒərd] けがをした　□ heart attack [hɑ́ːrt ətæ̀k] 心臓発作　□ clinic [klínɪk] 診療所
□ nurse [nə́ːrs] 看護師　□ ambulance [ǽmbjələns] 救急車

0771 **might** [máɪt]
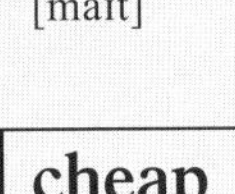

助 ~かもしれない

0772 **cheap** [ʧíːp]

形 安い (⇔expensive)
副 cheaply 安く

0773 **online** [ὰːnláɪn]

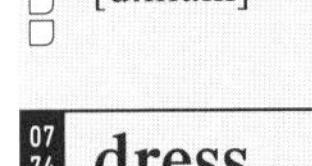

副 オンラインで
形 オンラインの

0774 **dress** [drés]
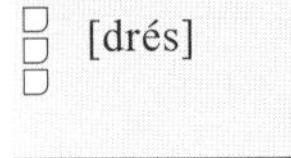
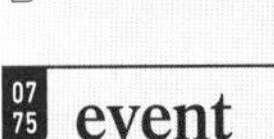
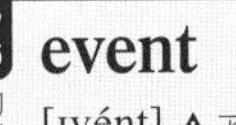

動 ① ~に服を着せる ② 正装する
名 ワンピース
► be dressed で「服を着ている」という意味。

0775 **event** [ɪvént] ▲ アクセントは ve の位置。
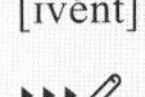

▸▸▸
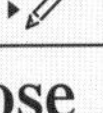

名 出来事、イベント

0776 **lose** [lúːz] ▲ 発音注意。

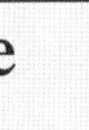

動 ① ~をなくす (⇔find)
② 〈試合など〉に負ける (⇔win)
► lose-lost-lost と活用する。

0777 **available** [əvéɪləbl]

形 ① 手に入る、利用できる (⇔unavailable)
② 〈人が〉手が空いている

0778 **grow** [gróʊ]

動 ① ~を育てる ② 成長する ③ 増大する
► grow-grew-grown と活用する。
名 growth 成長

0779 **remember** [rɪmémbər]

動 ① ~を覚えている ② (~を) 思い出す

0780 **score** [skɔ́ːr]

動 ~を得点する
名 点数、得点
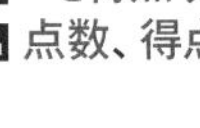

アクセント要注意語

event は「イベント」というカタカナ語にもなっているので、意味を覚えるのは簡単でしょう。ただしこのカタカナ語に引きずられて語頭の e を強く発音してしまいがちです。p. 088 でも注意しましたが、MP3 音声や発音記号を参考に、正しいアクセントで発音を覚えることが大切です。ここでもアクセントに注意すべき語をまとめて見ておきましょう。

Track 078

Pam **might** move to San Francisco soon.	パムはもうすぐサンフランシスコに引っ越すかもしれない。
The car was really **cheap**.	その車はとても安かった。
Kyle often buys books **online**.	カイルはよくオンラインで本を買う。
All the band members **were dressed** in black.	バンドのメンバーたちは全員黒い服を着ていた。
They planned an **event** for the children.	彼らは子ども向けのイベントを企画した。
She **lost** her train ticket somewhere.	彼女は電車の切符をどこかでなくした。
This comic is only **available** in digital form.	このコミックはデジタル版のみ入手可能だ。
My mother is **growing** some vegetables in the garden.	母は庭で野菜を育てている。
Do you **remember** our classmate Joe?	同級生のジョーを覚えていますか。
He **scored** two points at the end of the game.	彼は試合の最後に２点を得点した。

07
80

□ technique [tekníːk] 技術、テクニック
□ balance [bǽləns] 均衡、バランス
□ amateur [ǽmətʃùər] アマチュアの
□ photograph [fóutəgræ̀f] 写真
□ pattern [pǽtərn]（行動などの）様式、パターン

0781 **forget** [fərgét]

動 (～を) 忘れる
► forget-forgot-forgotten と活用する。forget to *do* の項目 (1079) も参照。

0782 **tour** [túər]

名 (周遊) 旅行、ツアー
名 tourism 観光業
名 tourist 観光客

0783 **let** [lét]

動 ～に (したいように) …させる
► let-let-let と活用する。let *A do* (A に～させる) の形で使う。

0784 **perfect** [pə́ːrfɪkt]

形 完ぺきな、完全な
副 perfectly 完ぺきに

0785 **weight** [wéɪt]

名 体重、重さ
► gain [put on] weight (体重が増える、太る)、lose weight (体重が減る、やせる) という表現を覚えておこう。

0786 **whole** [hóʊl]

形 ① すべての、全部の (≒entire)
② (時間・距離などが) まる～
► for a whole week で「まる1週間」という意味。

0787 **else** [éls]

副 ほかに
► else の前には、something や anyone、what などの代名詞がくる。

0788 **downtown** [dàʊntáʊn]

副 繁華街に [で]
名 繁華街
► 「下町」の意味はない。

0789 **boring** [bɔ́ːrɪŋ]

形 退屈させる、つまらない
► bore (～を退屈させる) の現在分詞が形容詞化したもの。
形 bored 退屈した

0790 **like** [láɪk]

前 ～のような
動 ～が好きだ

forget to *do* ≠ forget *doing*
p. 144 の avoid のコラムで、動詞には後ろに不定詞 (to *do*) と動名詞 (*doing*) の両方がくるもの、不定詞だけがくるもの、動名詞だけがくるものがある、と言いました。forget は両方くる動詞ですが、不定詞と動名詞で意味が変わるので要注意。右ページで違いを確認してください。(remember も同じく意味が変わります。)

Track 079

I **forgot** the title of the movie.	私はその映画のタイトルを忘れた。
We took a **tour** of the old city.	私たちはその古い都市をめぐるツアーに参加した。
Ed **let** his daughter go to the festival.	エドは娘をフェスティバルに行かせてやった。
He got a **perfect** score at the dance competition.	彼はダンス大会で満点を取った。
She is trying hard to **lose weight**.	彼女は体重を減らそうと一生懸命努力している。
Clarissa ate a **whole** loaf of bread by herself.	クラリッサは一人でパンを丸ごと食べた。
Do you know anyone **else** who can repair a bike?	自転車の修理ができる人をほかにだれか知っていますか。
We went **downtown** to see a movie.	私たちは映画を見に繁華街へ行った。
Many reviews said that the TV show was **boring**.	そのテレビ番組はつまらないというレビューが多かった。
Jessica loves Japanese food, **like** sushi or tempura.	ジェシカは寿司やてんぷらのような和食が大好きだ。

07 ▸ 90

I'll never **forget** meet**ing** her ten years ago.（彼女に 10 年前に会ったことを決して忘れない）
→ すでにしたことを忘れる
I **forgot to** meet her today.（彼女に今日会うことを忘れていた）
→ これからすることを忘れる

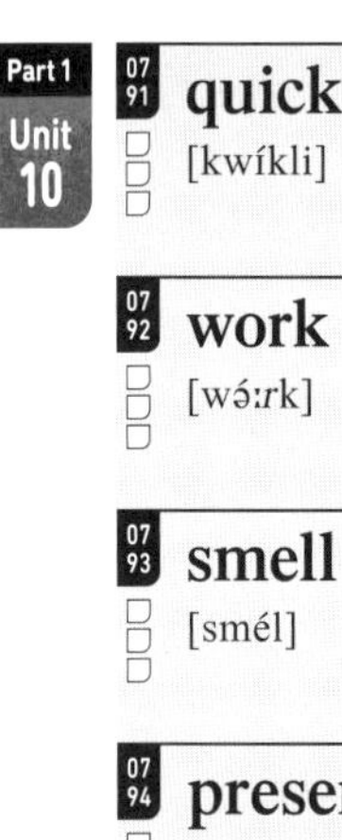

0791 **quickly** [kwíkli]
副 急速に、急いで
形 quick 素早い

0792 **work** [wə́:rk]
動 ① 作動する、動く ② 役に立つ
名 作品
► work は「働く」以外に上記のような意味でも出題される。

0793 **smell** [smél]
動 ① においがする ② ～のにおいをかぐ
名 におい、香り

0794 **presentation** [prì:zentéɪʃən]
名 プレゼンテーション、発表
動 present ～を発表する

0795 **named** [néɪmd]
形 ～という名前の
動 name ～を名づける

0796 **expert** [ékspə:rt] ▲ アクセント注意。
名 専門家
形 専門家の

0797 **surprised** [sərpráɪzd]
▸▸▸✎
形 驚いた

0798 **meal** [mí:l]
名 食事

0799 **anywhere** [éniwèər]
副 ① [平叙文で] どこでも、どこにも
② [疑問文で] どこかに

0800 **copy** [kɑ́:pi]
動 ① ～をコピーする、写す ② ～をまねる
名 ① コピー、写し ② (本などの) 1 部
► make a copy of ～ (～をコピーする、～の写しをとる) という表現も覚えておこう。

✎ **感情を表す語**
surprised (驚いた) は動詞 surprise の過去分詞が形容詞化したものです。英語の surprise は「～を驚かせる」という意味で、「驚く」ではありません。なので、「私は驚いた」は I was surprised. (＝私は驚かされた) と言わなければなりません。逆に surprising は「驚かせるような」→「驚くべき」という意味になります。「ing 形？ ed 形？」と混乱しないようにしましょう。ここでは注意すべき感情を表す語を見ておきましょう。

Track 080

The TV drama became popular **quickly**.	そのテレビドラマは急に人気が出た。
This camera also **works** underwater.	このカメラは水中でも作動する。
This candle **smells** good.	このキャンドルはいい香りがする。
She made a **presentation** before her classmates.	彼女は同級生の前で発表を行った。
They have a daughter **named** Alice.	彼らにはアリスという名前の娘がいる。
She spoke with many **experts** while writing the book.	彼女はその本を書くにあたって、多くの専門家と話をした。
The boy was **surprised** by what she said.	その少年は彼女の話に驚いた。
Adam made his mother a **meal** for her birthday.	アダムは母の誕生日に食事を作ってあげた。
We deliver things **anywhere** in the country.	私たちは国内のどこにでもものを配達します。
Could you **copy** this document for me?	この文書をコピーしてもらえますか。

0800

That book was boring. (その本は退屈だった) ↔ I was bored. (私は退屈した)
The result was disappointing. (その結果はがっかりするようなものだった)
↔ I was disappointed. (私はがっかりした)
This music is relaxing. (この音楽はリラックスさせてくれる) ↔ I was relaxed. (私はリラックスした)

0801 **taste** [téɪst]
- 動 ① ~な味がする ② ~の味をみる
- 名 味
- 形 tasty おいしい

0802 **section** [sékʃən]
- 名 ① 売り場、コーナー ② (組織の) 部門

0803 **volunteer** [vɑ̀ːləntíər] ⚠ アクセント注意。
- 動 ボランティア活動を行う
- 名 ボランティア
- ► volunteer work (ボランティアの仕事) のような形容詞の使い方もある。

0804 **century** [séntʃəri]
- 名 世紀
- ► century の cent は「100」を意味している。

0805 **toy** [tɔ́ɪ]
- 名 おもちゃ
- 形 おもちゃの

0806 **homestay** [hóʊmstèɪ] ▸▸▸✎
- 名 ホームステイ

0807 **scary** [skéəri]
- 形 怖い、恐ろしい
- 動 scare ~を怖がらせる

0808 **therefore** [ðéərfɔ̀ːr]
- 副 それゆえ、したがって (≒so, thus)

0809 **friendly** [fréndli]
- 形 親切な、人なつっこい
- ► -ly で終わるが形容詞。

0810 **sometime** [sʌ́mtàɪm]
- 副 いつか
- ► sometimes (時々) と混同しないように注意。

✎ **離せばわかる**

homestay (ホームステイ) は日本語にもなっているので皆さんおなじみでしょう。これは home (家庭) と stay (滞在) を合わせてできた語で、どこかの家庭に滞在することを意味するわけですね。このように 2 つの単語をくっつけてできた語は、一見長めですが分けてみると簡単に意味を理解することができます。

Track 081

Passion fruit **tastes** sweet and sour.	パッションフルーツは甘酸っぱい味がする。
The bookstore has a large **section** of French books.	その本屋にはフランス語の本の大きなコーナーがある。
Nelson **volunteers** at an animal shelter every Sunday.	ネルソンは毎週日曜日に動物保護施設でボランティアをしている。
The story was written in the 18th **century**.	その物語は 18 世紀に書かれた。
He bought **toys** for his children as Christmas presents.	彼はクリスマスプレゼントとして子どもたちにおもちゃを買った。
I did a **homestay** in Canada last year.	私は去年、カナダでホームステイをした。
The movie was so **scary** that I could not sleep that night.	その映画はとても怖くて、私はその夜眠れなかった。
Your payment was late; **therefore**, you must pay a fee.	お支払いが遅れました。したがって、手数料を支払う必要があります。
Her classmates are all **friendly** to her.	彼女の同級生は皆、彼女に親切だ。
I will call you again **sometime** next week.	来週いつかまた電話します。

□ seafood [síːfùːd] 海産物、シーフード (= sea (海) + food (食べ物))
□ workplace [wə́ːrkplèɪs] 職場 (= work (仕事) + place (場所))
□ underwater [ʌ̀ndərwɑ́ːtər] 水中の (= under (下に) + water (水))
□ lifestyle [láɪfstàɪl] 生活様式、生き方 (= life (生活) + style (スタイル))
□ overnight [óʊvərnàɪt] 夜間の、翌日配達の (= over (越えて) + night (夜))

08 ▸ 10

0811 **tool** [tú:l]
名 ① 道具、工具 ② 手段

0812 **president** [prézədənt]
名 ① 大統領 ② 社長

0813 **sauce** [sɔ́:s]
名 ソース

0814 **coworker** [kóuwə̀:rkər]
名 同僚（≒colleague）
► co-worker ともつづる。co- は「共に」の意味で coworker は「共に働く人」なので「同僚」。

0815 **fresh** [fréʃ]
形 ① 新鮮な ② 出来立ての

0816 **million** [míljən]
形 100 万の
名 100 万
► millions of ～（何百万もの～）という表現も覚えておこう。

0817 **quite** [kwáɪt]
副 かなり

0818 **novel** [ná:vl]
名 小説

0819 **spicy** [spáɪsi]
形 香辛料のきいた

0820 **style** [stáɪl]
名 ① 方法、やり方 ② デザイン
►「体形」の意味はない。
形 stylish しゃれた
名 stylist 美容師

政治・選挙関連の語
president は元々「前に座る人」という意味で、「大統領」「社長」などの意味を表しますが、英検では student president（生徒会長）、class president（学級委員、級長）などの形で出題されたこともあります。ここでは政治・選挙関係の語を見ておきましょう。

Track 082

Do you have some **tools** to repair a bike?	自転車を修理する**道具**を持っていますか。
The **president** visited some sick children in the hospital.	**大統領**は入院している病気の子どもたちを見舞った。
This tomato **sauce** is very thick.	このトマト**ソース**はとても濃厚だ。
She rarely goes to lunch with her **coworkers**.	彼女が**同僚**とランチに行くことはめったにない。
Let's go outside and get some **fresh** air.	外に出て**新鮮な**空気を吸おう。
They sold over one **million** copies of the album.	彼らはそのアルバムを**100万**枚以上売った。
Having your own home can be **quite** expensive.	自分の家を持つということは**かなり**高くつく可能性がある。
The author is known for his horror **novels**.	その著者はホラー**小説**で有名だ。
Dustin's stomach hurts when he eats **spicy** food.	ダスティンは**辛い**ものを食べると胃が痛くなる。
Evelyn has a unique management **style**.	エヴリンは独特の経営**方法**を持っている。

08
20

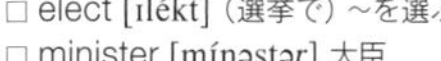
□ elect [ɪlékt]（選挙で）～を選ぶ　□ vote [vóʊt] 投票　□ politician [pɑ̀ːlətíʃən] 政治家
□ minister [mínəstər] 大臣　□ citizen [sítəzn] 国民、市民

0821 **huge** [hjúːdʒ]

形 巨大な、莫大な（⇔tiny）

0822 **outside** [àʊtsáɪd]

副 外に［で］、外側に［で］（⇔inside）
前 ～の外で（⇔inside）

0823 **community** [kəmjúːnəti]

名 地域社会、コミュニティー

0824 **couple** [kʌ́pl]

名 夫婦、カップル

0825 **various** [véəriəs]

形 さまざまな
名 variety 種類、多様さ

0826 **amazing** [əméɪzɪŋ]

形 驚くほどの、素晴らしい
動 amaze ～をびっくりさせる

0827 **anytime** [énitàɪm]

副 いつでも
► 接続詞的に「～するときはいつでも」の意味で使われることもある。

0828 **fee** [fíː]

名 料金

0829 **public** [pʌ́blɪk]

形 ① 公の、公共の（⇔private）
② 公的な（⇔private）
名 一般の人々
副 publicly 公に

0830 **park** [pɑ́ːrk]

動 ～を駐車する、止める
名 公園
► parking lot（駐車場）という表現も覚えておこう。

►►►

基本単語に要注意

parkと言えば「公園」という意味が真っ先に思い浮かぶでしょう。しかし準2級受験者の皆さんは「～を駐車する、止める」という意味も覚えておく必要があります。「パーキング」というカタカナ語は目にしたことがあるかもしれませんが、これは「駐車場」という意味です。ここでは、このような意外な意味を持つ基本語をいくつか見ておきましょう。

Track 083

They found a **huge** spider in the living room.	彼らは居間で**巨大な**クモを見つけた。
I'll wait for you **outside**.	**外で**待っています。
We are all members of the **community**.	私たちは皆、**地域社会**の一員だ。
There were a lot of young **couples** on the beach.	浜辺にはたくさんの若い**カップル**がいた。
You can buy bags of **various** designs at this store.	当店では**さまざまな**デザインのバッグをご購入いただけます。
The event was an **amazing** success.	そのイベントは**素晴らしい**成功を収めた。
You can call me **anytime** after 10 a.m.	午前 10 時以降であれば**いつでも**電話してください。
This credit card has no annual **fees**.	このクレジットカードは年会**費**がかからない。
Smoking is not allowed in **public** places.	**公共の**場での喫煙は認められていない。
He could not find a place to **park** his car.	彼は車を**止める**場所を見つけることができなかった。

08
30

Jim **walks** his dog in the park every morning. (ジムは毎朝公園で犬を**散歩させる**)
Jane **runs** an Italian restaurant in New York.
(ジェーンはニューヨークでイタリアンレストランを**経営している**)
Have you **booked** your flight yet? (あなたはもう飛行機の**予約をし**ましたか)

0831 **pass** [pǽs]
動 ① ~に合格する ② ~を通り過ぎる
③ ~を手渡す
名 入場券、乗車券

0832 **kid** [kíd]
名 子ども

0833 **part-time** [pὰːrttáɪm]
形 パートタイムの、非常勤の (⇔full-time)

0834 **appear** [əpíər]
動 ① (テレビなどに) 登場する、(新聞などに) 載る
② 現れる、出現する (⇔disappear)
③ ~のように見える (≒seem)
名 appearance 外見

0835 **pretty** [príti]
副 かなり、けっこう
形 かわいい

0836 **stomach** [stʌ́mək]
名 おなか、胃

0837 **beginner** [bɪgínər]
名 初心者

0838 **possible** [pάːsəbl]
形 ① 可能な (⇔impossible)
② 起こり得る、あり得る (⇔impossible)
► 〈人+ be 動詞+ possible〉の形にはならない。
副 possibly もしかしたら　名 possibility 可能性

0839 **train** [tréɪn]
動 (~を) 訓練する
名 電車
名 training 訓練
名 trainor トレーナー

0840 **outdoor** [áʊtdɔ̀ːr]
形 屋外の (⇔indoor)
副 outdoors 屋外に [で]

注意すべき前置詞 (3)

p. 160 で on (~の上に) は「接触」を意味すると述べました。しかし on は実は「上」である必要はありません。「接触」してさえいれば、「下」でも「横」でもいいのです。put on (~を着る、身につける) という熟語がありますが、これも文字通り「体に接触する」(=身につける) ように服を着ることを意味しています。右の例文で「接触」のイメージをつかんでください。

Track 084

He **passed** the driving test. 彼は運転免許の試験に**合格**した。

He often plays catch with his **kids** on weekends. 彼はよく週末に**子どもたち**とキャッチボールをする。

The shop is looking for **part-time** workers. その店は**パート**の従業員を募集している。

She has been **appearing** on a lot of TV shows recently. 彼女は近ごろたくさんのテレビ番組に**出演**している。

They were **pretty** tired after the hard practice. 彼らはきつい練習のあとで**かなり**疲れていた。

Tim went to the doctor for **stomach** pain. ティムは**胃**痛のため医者に行った。

This sewing class is for **beginners**. この裁縫教室は**初心者**向けだ。

It is **possible** to finish reading this book in a day. この本を１日で読み終えることは**可能**だ。

She **trained** for months before the race. 彼女はレースの前、何か月も**トレーニング**した。

This hotel has two **outdoor** pools. このホテルには２つの**屋外**プールがある。

08
40

A fly is **on** the ceiling.（ハエが天井にとまっている）
There is a beautiful painting **on** the wall.（壁に美しい絵がかかっている）
The small hotel is **on** a busy street near Kyoto Station.
（その小さなホテルは京都駅近くのにぎやかな通り沿いにある）

0841 **die** [dáɪ]
- 動 〈人・動物が〉死ぬ、〈植物が〉枯れる
- 形 dead 死んだ
- 名 death 死

0842 **seem** [síːm]
- 動 ～のように思われる、～のようだ

0843 **side** [sáɪd]
- 名 ① 側、側面 ② わき

0844 **international** [ìntərnǽʃənl]
- 形 国際的な
- ▸ inter-（間の）＋ national（国の）でできた語。

0845 **fantastic** [fæntǽstɪk]
- 形 とても素晴らしい（≒excellent, wonderful）

0846 **shopper** [ʃáːpər]
- 名 買い物客
- 名 動 shop 店；買い物をする
- 名 shopping 買い物

0847 **pain** [péɪn]
- 名 痛み
- 形 painful 痛い

0848 **convenient** [kənvíːnjənt]
- 形 ① 便利な（⇔inconvenient） ② 都合のよい
- 名 convenience 便利さ

0849 **originally** [ərídʒənəli]
- 副 元々、最初は
- 形 original 元の、最初の

0850 **normal** [nɔ́ːrml]
- 形 通常の、普通の（⇔special）
- 副 normally 通常は

文法問題を攻略する (8)

次の予想問題を解いてみましょう。

Sue left a postcard that she (　　) in Kyoto as a souvenir on the plane.

1 has bought　　2 was buying　　3 was bought　　4 had bought

Our cat **died** last week.	先週、うちのネコが**死んだ**。
He **seemed** excited to hear my idea.	彼は私のアイデアを聞いて興奮しているようだった。
I saw Meg on the other **side** of the pool.	プールの向こう**側**にメグが見えた。
She works for an **international** company.	彼女は**国際**企業で働いている。
This photo of the sunset is **fantastic**.	この夕日の写真は**素晴らしい**。
The new supermarket was filled with excited **shoppers**.	その新しいスーパーは興奮した**買い物客**でいっぱいだった。
He is in **pain** because he broke his arm.	彼は腕を骨折して**痛み**に苦しんでいる。
It is **convenient** to send money using this app.	このアプリを使って送金するのは**便利だ**。
This poem was **originally** written by a Korean poet.	この詩は**元々**韓国の詩人によって書かれた。
It is **normal** for children to struggle at school at first.	子どもたちが最初学校で苦労するのは**普通のこと**だ。

08
50

left は leave の過去形で「置き忘れた」。that は関係代名詞で postcard（はがき）を受けています。buy XXX in Kyoto as a souvenir は「京都で XXX を記念に買う」という意味。「置き忘れた」のと「買った」のはどちらが先かを考えると「買った」ほうが先（＝昔）ですね。「置き忘れた」は過去形で表されているので、空欄では「過去の過去」を表さなければなりません。「過去の過去」は過去完了形（had ＋過去分詞）で表します。正解は 4。「スーは京都で記念に買ったはがきを飛行機に忘れてしまった。」

0851 **trouble** [trʌ́bl]

名 ① 困ったこと、トラブル
② (機械などの) 故障、不調

0852 **mistake** [məstéɪk]

名 間違い、誤り
► by mistake の項目 (1021)、make a mistake の項目 (1336) も参照。

0853 **costume** [kɑ́ːst(j)uːm]

►►►

名 衣装
► costume party (仮装パーティー) という表現も覚えておこう。

0854 **main** [méɪn]

形 主な
副 mainly 主に

0855 **moreover** [mɔːróʊvər]

副 そのうえ (≒in addition)

0856 **surprisingly** [sərpráɪzɪŋli]

副 驚くほど
動 surprise ～を驚かせる
形 surprising 驚くべき

0857 **unique** [ju(ː)níːk]

形 ① 独特の、特有の (≒special, particular) (⇔common)
② 唯一の

0858 **describe** [dɪskráɪb]

動 ～を描写する
名 description 描写

0859 **mystery** [místəri]

名 ① ミステリー (作品) ② 謎、神秘
形 mysterious 不可解な、神秘的な

0860 **enjoyable** [ɪndʒɔ́ɪəbl]

形 楽しい、楽しめる
► enjoy (～を楽しむ) + -able (～できる) でできた語。
動 enjoy ～を楽しむ

服飾関連の語

costume は「(特に舞台やパーティー用の) 衣装」のこと。ふだん着る「服装」は clothes と言います。ちなみに「コスチューム・プレイ」を略してできた「コスプレ」という言葉は英語に逆輸入され、cosplay という見出し語を載せている英英辞典もあります。準 2 級では今のところ出題されていませんが。ここでは服飾関連の語を見ておきましょう。

The girl always causes **trouble** for her teacher.	その少女はいつも教師に**迷惑**をかけている。
I checked my report for spelling **mistakes**.	私はレポートにつづりの**誤り**がないか調べた。
The children wear **costumes** for Halloween.	子どもたちはハロウィーンの**衣装**を着ている。
The company's **main** product is suitcases.	その会社の**主要な**商品はスーツケースだ。
Gary is good at sports. **Moreover**, he is very smart.	ゲイリーはスポーツが得意だ。**そのうえ**とても頭がいい。
It is **surprisingly** cold this morning.	今朝は**驚くほど**寒い。
This chocolate has a **unique** flavor.	このチョコレートには**独特の**風味がある。
It is hard to **describe** the beauty of the view.	その景色の美しさを**描写する**のは難しい。
She spent the weekend reading a **mystery** novel.	彼女は**ミステリー**小説を読んで週末を過ごした。
We had an **enjoyable** trip to Germany last year.	私たちは去年、ドイツに**楽しい**旅行をした。

0860 ▶

□ suit [sú:t] スーツ
□ scarf [skɑ́:rf] スカーフ、マフラー
□ purse [pə́:rs] ハンドバッグ
□ jacket [dʒǽkɪt] ジャケット
□ wallet [wɑ́:lət] 札入れ

0861 **desert**
[dézərt] ▲アクセント注意。
▸▸▸✎

名 砂漠

0862 **following**
[fá:louɪŋ]

形 次の、続く
動 follow ～に従う；～のあとについていく

0863 **lost**
[lɔ́(:)st]

形 ① 道に迷った ② 行方不明の、なくなった
▸ get lost の項目（1341）も参照。

0864 **goods**
[gúdz]

名 品物、商品
▸ ふつう one、two、three のような数詞はつけない。

0865 **last**
[lǽst]

動 続く
形 最後の、この前の

0866 **past**
[pǽst]

形 過去の
名 過去
▸ in the past の項目（1280）も参照。

0867 **climb**
[kláɪm] ▲発音注意。

動（～に）登る

0868 **travel**
[trǽvl]

動 ① 移動する ② 旅行する
名 旅行
名 traveler 旅行者、旅人

0869 **afterward**
[ǽftərwərd]

副 あとで、その後（≒later）

0870 **cute**
[kjú:t]

形 かわいい

自然を表す語（2）
desert（砂漠）は最初の de にアクセントがあるので注意しましょう。サハラ砂漠は the Sahara Desert と言います。紛らわしいのは dessert（デザート）です。こちらは sert のほうにアクセントがあります。区別の仕方ですが、「2つあったらうれしいほう（＝dessert）が s が 2つ」という覚え方がよく紹介されているようです。ここでは自然を表す語を見ておきましょう。

They used camels to cross the **desert**.	彼らはラクダを使って砂漠を渡った。
We left for Tokyo the **following** day.	私たちは翌日、東京に向けて出発した。
The group returns **lost** pets back to their owners.	そのグループは迷子になったペットを飼い主のところに戻している。
The company makes all kinds of sporting **goods**.	その会社はあらゆる種類のスポーツ用品を作っている。
The festival **lasted** for five days.	そのお祭りは5日間続いた。
I've been working abroad for the **past** few years.	私は過去数年間、海外で働いています。
The girl **climbed** the tall tree.	少女はその高い木に登った。
Elephants can **travel** up to 50 kilometers a day.	ゾウは1日に最大50キロ移動することができる。
How about going for a drive **afterward**?	あとでドライブに行くのはどう？
The skirt is **cute** and inexpensive.	そのスカートはかわいくて安い。

□ cave [kéɪv] 洞窟(どうくつ)　□ hill [híl] 丘　□ jungle [ʤʌ́ŋgl] ジャングル　□ valley [vǽli] 谷
□ island [áɪlənd] 島

0871 **accidentally** [æ̀ksədéntəli]

副 ① 誤って（≒by accident） ② 偶然に

名 accident 事故；偶然

0872 **hometown** [hòʊmtáʊn]

名 地元の町、故郷

0873 **organize** [ɔ́ːrgənàɪz]

動 ① 〈イベントなど〉を準備する、手配する
② 〈集団など〉を組織する

名 organization 組織、団体

名 organizer 主催者

0874 **essay** [éseɪ]

名（学校の）作文

▸▸▸✎

0875 **bottom** [báːtəm]

名 底

0876 **frozen** [fróʊzn]

形 凍った

0877 **cough** [kɔ́(ː)f] ⚠ gh の発音に注意。

名 咳（せき）

動 咳をする

0878 **sunshine** [sʌ́nʃàɪn]

名 太陽の光、日光

0879 **poorly** [pʊ́ərli]

副 下手に、悪く

▸ do [perform] poorly（成績が悪い）という表現も覚えておこう。

0880 **path** [pǽθ]

名 ① 進路 ② 小道、道
③（行動などの）方針、道筋

✎ **学校関連の用語 (2)**

日本語の「エッセー」という言葉から「随筆（＝自由に意見や感想を述べた散文）」を思い浮かべるかもしれませんね。英語の essay にもそのような意味はありますが、準 2 級で出題されるのは、学校で課される「作文、小論文」の意味の使い方です。

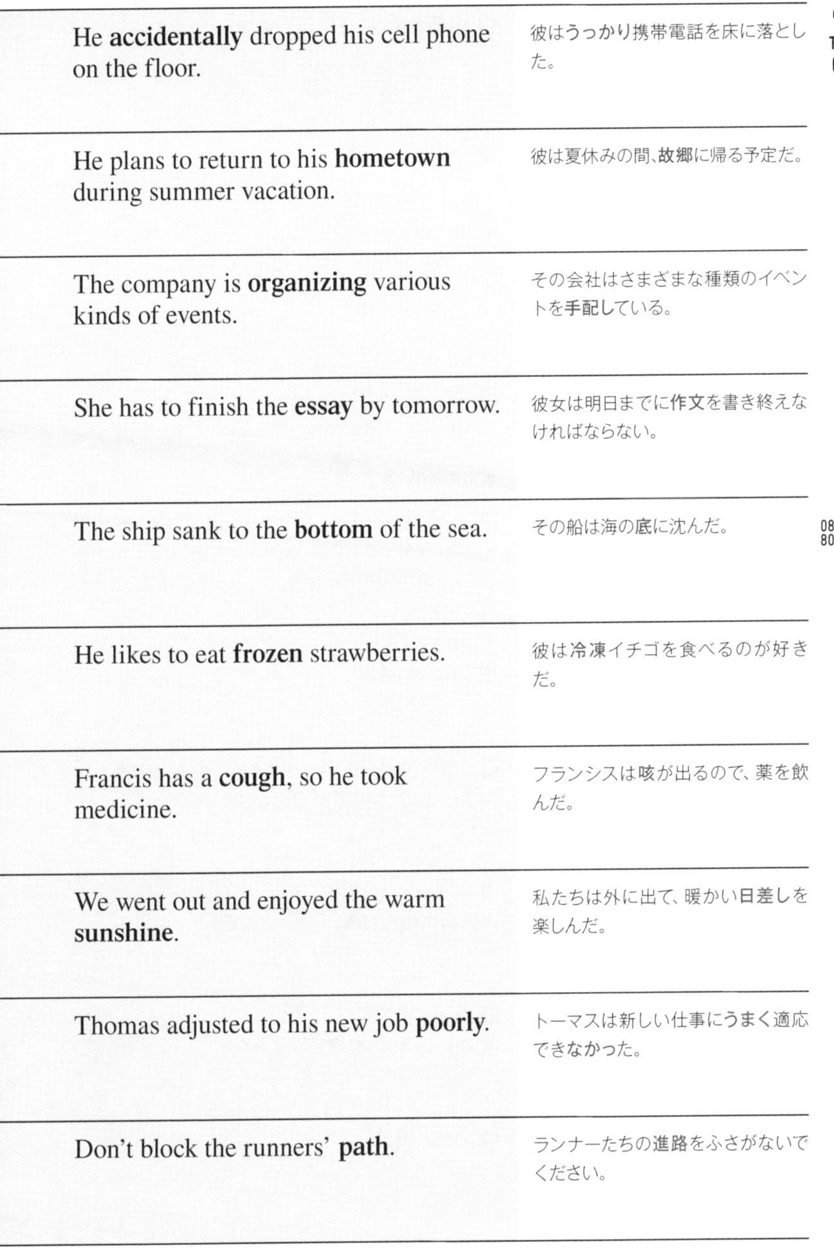

Track 088

He **accidentally** dropped his cell phone on the floor.	彼は**うっかり**携帯電話を床に落とした。
He plans to return to his **hometown** during summer vacation.	彼は夏休みの間、**故郷**に帰る予定だ。
The company is **organizing** various kinds of events.	その会社はさまざまな種類のイベントを**手配し**ている。
She has to finish the **essay** by tomorrow.	彼女は明日までに**作文**を書き終えなければならない。
The ship sank to the **bottom** of the sea.	その船は海の**底**に沈んだ。
He likes to eat **frozen** strawberries.	彼は**冷凍**イチゴを食べるのが好きだ。
Francis has a **cough**, so he took medicine.	フランシスは**咳**が出るので、薬を飲んだ。
We went out and enjoyed the warm **sunshine**.	私たちは外に出て、暖かい**日差し**を楽しんだ。
Thomas adjusted to his new job **poorly**.	トーマスは新しい仕事に**うまく**適応**できなかった**。
Don't block the runners' **path**.	ランナーたちの**進路**をふさがないでください。

0880

□ schoolwork [skúːlwəːrk] 学業
□ assignment [əsáɪnmənt] 課題、宿題
□ principal [prínsəpl] 校長
□ semester [səméstər] (2学期制の) 学期
□ exchange student [ɪkstʃéɪndʒ st(j)ùːdnt] 交換留学生

0881 **brand** [brǽnd]
名 銘柄、ブランド

0882 **funny** [fʌ́ni]
形 面白い、愉快な
► 「興味深い」という意味の「面白い」は interesting と言う。
名 fun 楽しみ

0883 **gone** [gɔ́(:)n]
形 なくなった、いなくなった

0884 **difficulty** [dífɪkəlti]
名 難しさ、困難（⇔ease）
► have difficulty *do*ing（～するのに苦労する）という表現も覚えておこう。
形 difficult 難しい

0885 **hero** [hí:roʊ]
名 英雄、ヒーロー
► 男性にも女性にも使う。superhero（スーパーヒーロー）という語も出題されている。

0886 **hopefully** [hóʊpfəli]
副 ［文全体を修飾して］…だといいのだが
形 hopeful 有望な

0887 **site** [sáɪt]
名 ① 用地、場所 ②（出来事の）現場、跡地 ③（ウェブ上の）サイト

0888 **wooden** [wʊ́dn]
形 木製の、木造の
名 wood 木材、材木

0889 **advertisement** [ædvərtáɪzmənt]
名 広告
動 advertise ～を広告する、宣伝する
名 advertising 広告（すること）

0890 **clerk** [klə́:rk]
名 店員、職員

ビジネス関連の語

advertisement（広告）は、商品やサービスを消費者に知ってもらうための、ビジネスにおける重要な手段です。単に ad とも言います。また動詞形の advertise（広告する、宣伝する）も出題されています。ここではビジネス関連の語を見ておきましょう。

Track 089

The clothing company built a new **brand**.	そのアパレル企業は**新ブランド**を立ち上げた。
His story was not **funny** at all.	彼の話はまったく**面白く**なかった。
I found that my favorite umbrella was **gone**.	私はお気に入りの傘が**なくなってい**ることに気づいた。
These games are listed based on their **difficulty**.	これらのゲームは**難易度**に基づいてリスト化されている。
There are no **heroes** in this story.	この物語に**ヒーロー**はいない。
Hopefully it will stop raining so that we can go to the beach.	雨がやんでビーチに行ける**といいのだが**。
The camping **site** is located near a river.	そのキャンプ**場**は川の近くにある。
Her grandfather made her a **wooden** chair.	祖父は彼女に**木製の**いすを作ってやった。
There are many **advertisements** inside the train.	電車の中には**広告**がたくさんある。
The customer got angry at the store **clerk**.	客はその店の**店員**に腹を立てた。

08
90

□ salary [sǽləri] 給料
□ schedule [skédʒuːl] スケジュール、予定
□ marketing [máːrkətɪŋ] マーケティング
□ shipment [ʃípmənt] 積み荷、貨物
□ conference [kάːnfərəns] 会議

0891 **fan** [fǽn] □□□
名 ① うちわ、扇風機 ② 愛好者、ファン

0892 **population** [pɑ̀ːpjəléɪʃən] □□□
名 ① 人口、(動物の) 個体数 ② 人々、住民

0893 **prevent** [prɪvént] □□□
動 ～を防ぐ、防止する
名 prevention 防止
形 preventive 予防の

0894 **beat** [bíːt] □□□ ▸▸▸✎
動 ① ～を負かす (≒defeat)
② ～を (何度も) 打つ ③ 〈心臓が〉 鼓動する
► beat-beat-beaten と活用する。音楽の「ビート」もこのbeat。

0895 **role** [róʊl] □□□
名 ① 役割、役目 ② (劇などの) 役

0896 **fare** [féər] □□□
名 運賃、乗車料金

0897 **survey** [名 sə́ːrvèɪ 動 sərvéɪ] □□□
名 調査、アンケート
動 ～を調査する
► 人々に質問して行われる「調査」。

0898 **trend** [trénd] □□□
名 ① 傾向、動向 ② (衣服などの) 流行

0899 **bill** [bíl] □□□
名 ① 請求書 ② 紙幣

0900 **native** [néɪtɪv] □□□
形 ① 出生地の、母国の (⇔foreign)
② 先住民の

✎ **スポーツ関連の語 (2)**

学校や家での日常生活と並んで、準 2 級ではスポーツの場面もよく登場します。beat は「～を負かす」という意味の動詞。win (～に勝つ) は後ろに試合などを表す語がきますが、beat は相手を表す語がきます。ここではスポーツ関連の語を見ておきましょう。

Track 090

She is using the **fan** because the air conditioner is broken.	エアコンが壊れているので彼女は**扇風機**を使っている。
The **population** of koalas is getting smaller.	コアラの**個体数**は減っている。
Wash your hands to **prevent** disease.	病気を**予防する**ために手を洗いなさい。
The baseball team **beat** one of the strongest teams.	その野球チームは最強のチームの一つに**勝った**。
Carl has the **role** of assistant at the office.	カールは会社でアシスタント**役**を担っている。
How much is the **fare** to Atlanta?	アトランタまでの**運賃**はいくらですか。
The newspaper took a **survey** before the election.	その新聞社は選挙の前に**アンケート調査**をした。
Working from home is a growing **trend**.	在宅勤務は増加**傾向**にある。
The power company sends **bills** to its customers once a month.	その電力会社は月に１度、顧客に**請求書**を送る。
Gita is a **native** speaker of German.	ギータはドイツ語の**母語**話者だ。

□ athlete [ǽθliːt] 運動選手　□ teammate [tíːmmèɪt] チームメイト
□ gym [ʤím] 体育館、ジム　□ stadium [stéɪdiəm] スタジアム、競技場
□ Olympic Games [əlìmpɪk géɪmz] オリンピック

0901 **hang** [hǽŋ]
動 ① ～をつるす ② ぶら下がる
► hang-hung-hung と活用する。

0902 **female** [fíːmeɪl]
形 女性の、雌の（⇔male）
名 女性、雌

0903 **male** [méɪl]
形 男性の、雄の（⇔female）
名 男性、雄

0904 **flag** [flǽg]
名 旗

0905 **spill** [spíl]
動 ① ～を（うっかり）こぼす ② こぼれる

0906 **phrase** [fréɪz]
名 ① 言い回し、成句 ② 句

0907 **review** [rɪvjúː]
名 批評、評価、レビュー

0908 **souvenir** [sùːvəníər] ▲ アクセント注意。
名 （旅などの）思い出の品、記念品、お土産
► ほかの人のために買う「お土産」は present、gift などとも言う。

0909 **nicely** [náɪsli]
副 上手に、見事に
形 nice 素敵な

0910 **commercial** [kəmə́ːrʃəl]
名 広告放送、コマーシャル
形 営利的な、商用の
副 commercially 商業的に

注意すべき同音語（2）
male は「男性の、雄の」という意味の形容詞で、[méɪl] と発音しますが、これは「～を郵送する」の意味の mail と発音が同じです。p. 038 で注意すべき同音語について見ましたが、注意すべきものはまだまだあります。ここでも注意すべき同音語のセットを見ておきましょう。

Track 091

When it is raining, he **hangs** his wet laundry in the bathroom.	雨のときは、彼は濡れた洗濯物を浴室に**つるす**。
The new teacher is popular among **female** students.	その新しい教師は**女子**生徒の間で人気がある。
My sister is crazy about the **male** model.	姉はその**男性**モデルに夢中だ。
The Canadian **flag** is red and white.	カナダの国**旗**は赤と白だ。
Bill **spilled** his coffee on the floor.	ビルは床にコーヒーを**こぼした**。
Shakespeare invented many common **phrases**.	シェークスピアはたくさんの常套**句**を生み出した。
Her new novel got many good **reviews**.	彼女の新しい小説は多くのよい**評価**を得た。
I bought a model of the Eiffel Tower as a **souvenir** of my trip to Paris.	パリ旅行の**記念**としてエッフェル塔の模型を買った。
Please dress **nicely** for dinner tomorrow.	明日の夕食には**おしゃれ**をして来てください。
The company made many famous **commercials**.	その会社は数多くの有名な**コマーシャル**を制作した。

□ fare (運賃、乗車料金)	[féər]	□ fair (展示会、見本市)
□ bored (退屈した)	[bɔ́ːrd]	□ board (乗り込む、搭乗する)
□ flour (小麦粉、粉)	[fláuər]	□ flower (花)
□ weak (弱い)	[wíːk]	□ week (週)
□ scene ((映画・小説などの) 場面、シーン)	[síːn]	□ seen (see (～が見える) の過去分詞)

09
10

0911 **version** [vɔ́ːrʒən]
名 版、バージョン

0912 **dislike** [dɪsláɪk]
動 ～が嫌いだ（⇔like）

0913 **electronic** [ɪlèktrɑ́ːnɪk]
形 電子の、電子式の
► 語尾に s のついた electronics（電子工学）も覚えておこう。

0914 **ordinary** [ɔ́ːrdənèri]
形 普通の、平凡な（⇔extraordinary）
副 ordinarily 普通に、通常

0915 **medium** [míːdiəm]
名 中ぐらい、中間（サイズ）
形 中ぐらいの（≒average）
► サイズを表す S、M、L の M は medium の頭文字をとったもの。

0916 **front** [frʌ́nt] ▲発音注意。
形 前面の、正面の
名 前面、正面

0917 **sale** [séɪl]
名 ① バーゲンセール、安売り ② 販売

0918 **forecast** [fɔ́ːrkæ̀st]
名 予報、予測

0919 **file** [fáɪl]
名 ①（データを集めて整理した）ファイル
②（書類をとじ込む）ファイル
►►►

0920 **well-known** [wélnóʊn]
形 有名な（≒famous）

パソコン関連の用語

file は元々「書類などをとじる糸」を意味する言葉で、上の②の意味で使われていましたが、準２級では基本的に、①の意味で登場しています。パソコンや携帯電話が私たちの生活に深く根差せば根差すほど、それらの関連語句の出題頻度も増えていきます。ここでは準２級で登場したパソコンに関連する語をまとめて見ておきましょう。

I'd like to read the original Russian **version** of this novel.	この小説の原書であるロシア語版を読みたい。
She **dislikes** sweet drinks.	彼女は甘い飲み物が嫌いだ。
Electronic dictionaries used to be very popular.	電子辞書は、かつてはとても人気があった。
Zach wants to live an **ordinary** life.	ザックは平凡な人生を送りたいと思っている。
Is this T-shirt available in a **medium**?	このＴシャツにはＭサイズがありますか。
Let's meet at the **front** entrance of the hotel.	ホテルの正面入り口で会いましょう。
The department store is having a summer **sale**.	そのデパートでは夏のセールをやっている。
The weather **forecast** says it will snow next week.	天気予報によると来週は雪が降るらしい。
My computer broke, and I lost some important **files**.	パソコンが壊れていくつか重要なファイルをなくしてしまった。
The film was shot by a **well-known** director.	その映画は有名な監督によって撮影された。

□ software [sɔ́(:)ftwèər] ソフトウェア
□ paste [péɪst] ～をペーストする、貼りつける
□ laptop [lǽptɑ̀:p] ノートパソコン
□ click [klík] （マウスで）クリックする
□ tablet computer [tǽblət kəmpjú:tər] タブレット PC

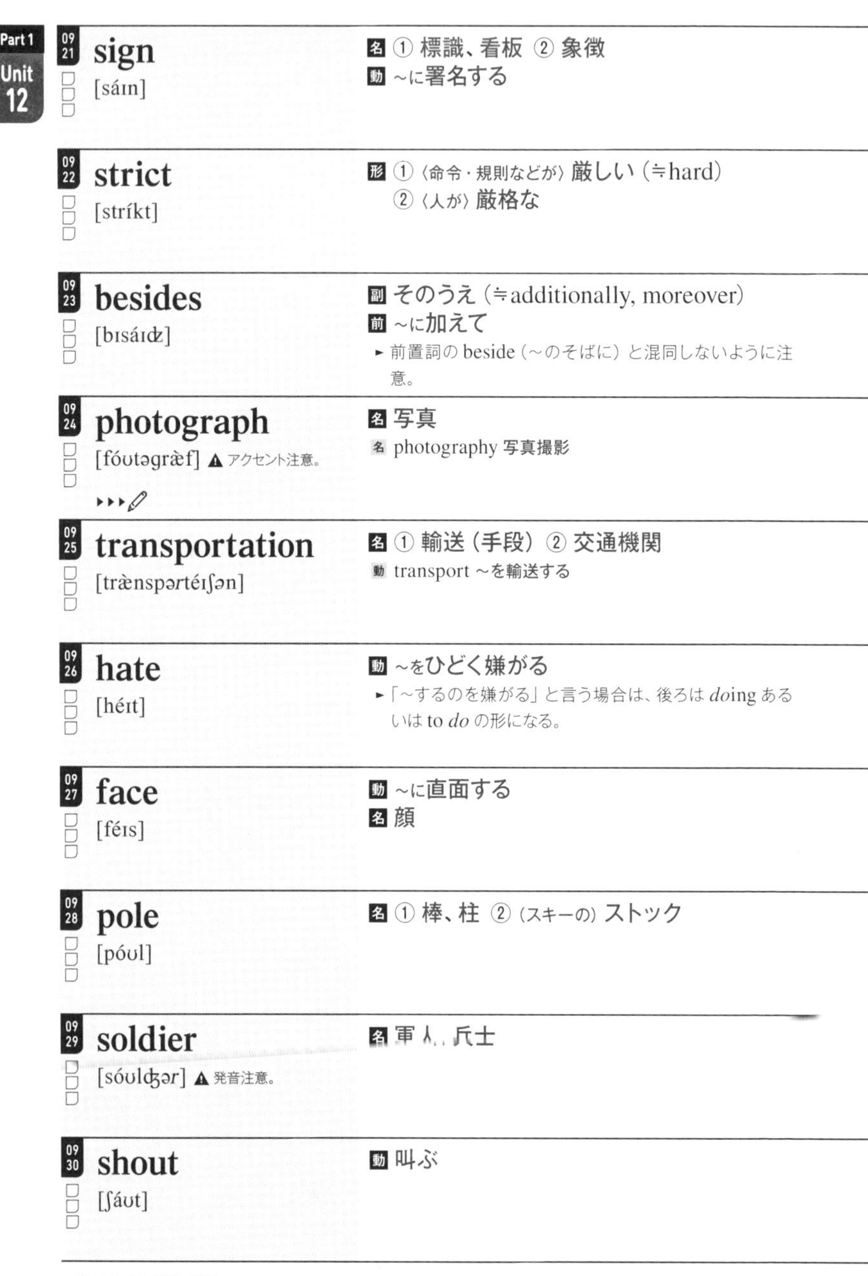

0921 **sign** [sáɪn]
名 ① 標識、看板 ② 象徴
動 ～に署名する

0922 **strict** [stríkt]
形 ① 〈命令・規則などが〉 厳しい (≒hard)
② 〈人が〉 厳格な

0923 **besides** [bɪsáɪdz]
副 そのうえ (≒additionally, moreover)
前 ～に加えて
► 前置詞の beside (～のそばに) と混同しないように注意。

0924 **photograph** [fóʊtəgræ̀f] ▲アクセント注意。 ►►►✎
名 写真
名 photography 写真撮影

0925 **transportation** [træ̀nspərtéɪʃən]
名 ① 輸送 (手段) ② 交通機関
動 transport ～を輸送する

0926 **hate** [héɪt]
動 ～をひどく嫌がる
► 「～するのを嫌がる」と言う場合は、後ろは *do*ing あるいは to *do* の形になる。

0927 **face** [féɪs]
動 ～に直面する
名 顔

0928 **pole** [póʊl]
名 ① 棒、柱 ② (スキーの) ストック

0929 **soldier** [sóʊldʒər] ▲発音注意。
名 軍人、兵士

0930 **shout** [ʃáʊt]
動 叫ぶ

✎ **日用品を表す語**
photograph は「写真」のことで photo と略すこともあります。またカメラマンのことを photographer と言います。皆さんも机の上に写真が飾ってあるかもしれませんね。そんな日常生活の中にある品々を表す語を見ておきましょう。

Track 093

The **sign** said “No smoking.”	看板には「禁煙」と書いてあった。
The school has very **strict** rules.	その学校の校則はとても**厳しい**。
This bed is cheap, and **besides**, it is comfortable.	このベッドは安くて、**そのうえ**寝心地もいい。
I took a lot of **photographs** on the island.	私はその島でたくさん**写真**を撮った。
Some of the goods were damaged during **transportation**.	商品の一部が**輸送**中に破損した。
She **hated** waiting outside.	彼女は外で待つのを**嫌がった**。
Haley **faces** many challenges as a nurse.	ヘイリーは看護師として多くの課題に**直面している**。
There is a crow at the top of a telephone **pole**.	電**柱**のてっぺんにカラスがいる。
The **soldiers** participated in the parade.	**兵士たち**はパレードに参加した。
He is always **shouting** at his children.	彼はしょっちゅう子どもを**怒鳴りつけ**ている。

09 30

□ pillow [pílou] 枕
□ alarm clock [əláːrm klɑ̀ːk] 目覚まし時計
□ soap [sóup] せっけん
□ candle [kǽndl] ろうそく
□ trash can [trǽʃ kæ̀n] ごみ箱

0931 **document** [dá:kjəmənt]
名 書類

0932 **tutor** [t(j)ú:tər]
名 家庭教師

0933 **historical** [hɪstɔ́:rɪkəl]
形 歴史の、歴史的な
名 history 歴史

0934 **sunlight** [sʌ́nlàɪt]
名 日光

0935 **alive** [əláɪv]
形 ① 生きている（⇔dead） ② 存続している

0936 **dental** [déntl]
形 歯の、歯科の
名 dentist 歯科医

0937 **residence** [rézədəns]
名 ① 住宅、住居 ② 居住
名 resident 住民
形 residential 住宅用の

0938 **technique** [tekní:k] ▲アクセント注意。
名 技術、テクニック
形 technical 技術的な；専門的な
副 technically 技術的に；専門的に

0939 **wealthy** [wélθi]
形 裕福な（≒rich）
名 wealth 富、財産

0940 **disturb** [dɪstə́:rb]
動 ～を邪魔する、～に迷惑をかける（≒trouble, bother）
名 disturbance 騒ぎ、騒動

注意すべき前置詞 (4)
皆さんは「by ってどういう意味？」と聞かれたら何と答えるでしょう。「～のそばに」「～によって」。正解です。ただし準２級では「～までに（は）」という意味でも出題されているので覚えておいてください。till（～まで）と混同してしまう人もいますが、まったく違います。till はその時点までずっと続くという「継続」を意味しますが、by は「締め切り」を意味するのです。右ページの例文で意味の違いをつかんでください。

Track
094

Nancy sent her passport **documents** in the mail.	ナンシーはパスポートの書類を郵送した。
His parents hired him a math **tutor**.	両親は彼に数学の家庭教師を雇った。
This town has many important **historical** buildings.	この町には多くの重要な歴史的建造物がある。
Sunlight can damage book covers.	日光によって本の表紙が傷むことがある。
My grandfather is still **alive** and well.	祖父はまだ健在です。
I have a **dental** appointment this afternoon.	今日の午後、歯医者の予約がある。
Hello, is this the Suzuki **residence**?	もしもし、鈴木さんのお宅ですか。
They learned various **techniques** to teach English.	彼らは英語を教えるさまざまな技術を学んだ。
Many people in the town are very **wealthy**.	この町の多くの人はとても裕福だ。
Don't **disturb** your father when he is working.	お父さんが働いているときは邪魔をしてはいけません。

09
40

I have to get home **by** 10 p.m. (私は夜 10 時**までに**帰宅しなければならない)
→ **10 時が締め切り**。帰り着くのは 8 時でも 9 時でも OK。
The bookstore is open **till** 10 p.m. (その書店は夜 10 時**まで**開いている)
→ 書店は 10 時までずっと開いている。8 時や 9 時に閉まることはない。

0941 **lay** [léɪ]
□□□
動 ①〈卵〉を産む ②～を横たえる、置く
► lay-laid-laid と活用する。

0942 **lifetime** [láɪftàɪm]
□□□
名 生涯、一生

0943 **rough** [rʌ́f]
□□□
形 ① でこぼこの、粗い ②〈天候などが〉荒れた

0944 **shocking** [ʃɑ́:kɪŋ]
□□□
形 衝撃的な
動 shock ～にショックを与える

0945 **sunset** [sʌ́nsèt]
□□□
名 夕日、日暮れ
►「日の出」は sunrise。

0946 **unlike** [ʌnláɪk]
□□□
前 ～と違って

0947 **grateful** [gréɪtfl]
□□□
形 感謝している（≒thankful）

0948 **roll** [róʊl]
□□□
動 転がる；～を転がす

0949 **lower** [lóʊər]
□□□
動 ～を下げる
► low の比較級と同形なので注意。
形 low 低い

0950 **except** [ɪksépt]
□□□
前 ～を除いて
名 exception 例外
形 exceptional 例外的な；並外れた

文法問題を攻略する (9)
次の予想問題を解いてみましょう。
Mary hasn't spoken to me since yesterday. I don't know (　　) she is angry.
1 where　2 what　3 which　4 why

Track 095

Frogs **lay** many eggs at a time.	カエルは一度にたくさんの卵を**産む**。
The pianist did not become famous in his **lifetime**.	そのピアニストは**存命**中は有名にならなかった。
The country road was very **rough**.	その田舎道はひどく**でこぼこ**だった。
I got some **shocking** news from my parents.	私は両親から**衝撃的な**知らせを聞かされた。
We were watching the beautiful **sunset**.	私たちは美しい**夕日**を眺めていた。
Unlike her sister, she decided to go to college.	姉とは**違って**、彼女は大学に行くことにした。
I'm **grateful** to you for your support.	ご支援に**感謝して**います。
The ball **rolled** down the hill.	ボールは坂道を**転がり**落ちた。
The company is working to **lower** its expenses.	その会社は経費の**削減に**取り組んでいる。
My dog will eat anything **except** dog food.	うちの犬はドッグフード**以外のものなら**何でも食べる。

1 文目は昨日からメアリが口をきいてくれないという内容。2 文目は空欄の前に動詞の know、後ろには she is angry という節が続いています。選択肢に並ぶ疑問詞の意味を考えると why（なぜ）が適切。このように文の途中から疑問文が始まる文を「間接疑問文」と言います。間接疑問文では、Is she angry? のように疑問文の語順にならず、〈疑問詞＋平叙文〉の語順になります。「メアリは昨日から口をきいてくれない。なぜ彼女が怒っているのかわからない。」

0951 **crop** [krá:p]
名 作物、収穫物

0952 **specific** [spəsífɪk] ▲アクセント注意。
形 ① 特定の (≒particular) (⇔general)
② 具体的な、明確な (≒defined) (⇔vague, unclear)

0953 **donate** [dóʊneɪt]
動 ～を寄付する
名 donation 寄付

0954 **missing** [mísɪŋ]
形 欠けている、紛失した、行方不明の
動 miss ～を恋しく思う；～を見逃す、聞き逃す

0955 **navy** [néɪvi]
名 海軍
►「陸軍」は army、「空軍」は air force と言う。

0956 **balanced** [bǽlənst]
形 バランスのとれた
名 動 balance バランス；(～の) バランスをとる

0957 **middle** [mídl]
名 途中、真ん中
► in the middle of ～ (～の真ん中で) という表現も覚えておこう。

0958 **navigation** [næ̀vəgéɪʃən]
名 航行、ナビゲーション
►「カーナビ」は car navigation system の略語。
動 navigate ～を操縦する、あやつる

0959 **overweight** [òʊvərwéɪt]
形 ① 太りすぎの ② 重量超過の
► weight (体重) に over- (～すぎる) がついてできた語。

0960 **stare** [stéər]
動 見つめる
►「～を見つめる」と言うときは、look と同じように後ろに at をつける。

軍事関連の語

navy は「海軍」という意味の名詞ですが、濃紺を表す「ネイビーブルー」という色の名前で知っている人もいるかもしれませんね。navigate (航行する) という語と親戚の言葉です。準2級では戦争の話はあまり出題されませんが、歴史の話でときどき登場することがあります。念のため軍事関連の単語も見ておくことにしましょう。

Track 096

The typhoon caused serious damage to the **crops**.	その台風は**作物**に深刻な被害をもたらした。
This bird is only seen in **specific** areas.	この鳥は**特定の**地域でしか見られない。
He **donated** around 3,000 books to local schools.	彼は地元の学校に約 3,000 冊の本を**寄付した**。
The last two pages of this manual are **missing**.	このマニュアルは最後の 2 ページが**抜けている**。
They are in the British **navy**.	彼らはイギリス**海軍**に所属している。
She tries to have a **balanced** diet every day.	彼女は毎日**バランスのとれた**食事をとるよう心がけている。
We need to finish this job by the **middle** of next month.	この仕事は来月の**中ごろ**までに終える必要がある。
The **navigation** of ships these days is mostly done by computers.	近ごろは船の**航行**はほとんどコンピュータによって行われている。
The number of **overweight** children in the country is increasing.	その国の**肥満**児の数は増加している。
Suddenly she stopped talking and **stared at** me.	突然彼女は話すのをやめて私を**見つめた**。

□ battle [bǽtl] 戦い、戦闘　□ army [ɑ́ːrmi] 軍、陸軍　□ enemy [énəmi] 敵　□ gun [gʌ́n] 銃
□ sword [sɔ́ːrd] 剣、刀（＊発音注意）

章末Tips ライティングで使える英文パターン①

ここでは、準2級のライティングで使える英文パターンをご紹介しましょう。

1

基本例文

Living in a city is convenient.

都市に住むのは便利です。

〈*Doing* ~ is ...〉は「~することは…だ」という意味。動名詞を主語にする構文で、...には形容詞も名詞も入ります。動名詞は3人称単数扱いなので、動詞の形に気をつけましょう。述語の部分には、be 動詞以外の動詞を使うこともできます。

バリエーション

▷ **Watching** sports on the big screen **is** exciting.
大画面でスポーツを見るのはエキサイティングです。

▷ **Having** your own car **is** expensive.
自分の車を持つのはお金がかかります。

▷ **Seeing** real art in a museum **is** the best learning experience.
美術館で本物のアートを見ることは最高の教育になります。

2

基本例文

By reading books, they can increase their knowledge.

本を読むことで、彼らは知識を増やすことができます。

〈By *doing* ~ , 人+ can *do* ...〉で「~することで、人は…することができる」という意味を表します。By *doing* ~を文の後半に置くこともできます。

バリエーション

▷ **By borrowing** books from the library, you **can** save money.
図書館で本を借りることで、お金を節約できます。

▷ **By planning** your summer vacation, you **can** spend your time efficiently.
夏休みの計画を立てることで、時間を有効に使えます。

▷ **By using** the air conditioner, students **can** study comfortably.
エアコンを使うことで、生徒たちは快適に勉強できます。

Part 2

熟語

熟語は、以下の優先順位を基に配列されています。

① 筆記大問 1 で正解になった熟語の頻度
② 筆記大問 1 で誤答になった熟語の頻度
③ 筆記大問 1 の選択肢以外（主に長文読解問題やリスニング問題）で出題された熟語の頻度

筆記大問 1 の選択肢として出題された熟語が長文などで登場するケースも、数多くあります。

試験まで時間がない場合は、出題確率の高い Unit 16 の熟語まで目を通しましょう。

0961 **run out of ~** ～を使い果たす

He quickly **ran out of** the money he had saved. 彼は貯めてきた金をすぐに**使い果たした**。

0962 **take place** 行われる

The music festival **takes place** every two years. その音楽祭は２年に一度**開かれる**。

0963 **and so on** ～など

I have to order some pencils and erasers **and so on.** 鉛筆や消しゴム**など**を注文しなければならない。

0964 **too ~ to *do*** あまりに～なので…できない、…するには～すぎる

► to *do* の意味上の主語は、for ～ で表される。

This T-shirt is **too** small **for** me **to** wear. このＴシャツは私が着る**には**小さ**すぎる**。

0965 **be familiar with ~** ～に詳しい

You should ask Dan. He's quite **familiar with** this software. ダンに聞くといいよ。彼はこのソフトにとても**詳しい**から。

0966 **rely on ~** ～を頼りにする、あてにする

They **rely on** Mr. Hayashi because he is such a hard worker. ハヤシさんはとてもよく働くので、彼らは**頼りにしている**。

0967 **succeed in *do*ing** ～することに成功する

The rescue team **succeeded in** sav**ing** all of the people. レスキュー隊は全員を救出する**ことに成功した**。

Track 097

0968 **be against ~**
~に反対である

Her mother **is against** her plan to move to Thailand.
母親は、タイに移住するという彼女の計画に反対している。

0969 **hand in**
~を提出する、手渡す（≒turn in）
► hand in hand（手を取り合って）という熟語もある。

I have to **hand in** this report by tomorrow.
私はこのレポートを明日までに提出しなければならない。

0970 **get over**
① 〈病気・ショックなど〉から回復する、立ち直る
② 〈困難など〉に打ち勝つ（≒overcome）

It took me a few days to **get over** the cold.
風邪を治すのに2、3日かかった。

0971 **on purpose**
わざと、意図的に（⇔by mistake）

I think that he forgot to bring the papers **on purpose**.
彼は書類を持ってくるのをわざと忘れたのだと思う。

0972 **all the time**
とても頻繁に、いつも

She talks about her cat **all the time**.
彼女はいつも飼いネコの話をしている。

0973 **keep up with ~**
① ~に（遅れずに）ついていく
② 〈最新情報〉を常に把握している

It's hard to **keep up with** the changes of the world.
世の中の変化についていくのは大変だ。

0974 **in case ...**
① 万一…の場合には
② …するといけないので、…の場合に備えて

Here's my phone number **in case** you need to call me.
連絡が必要になった場合は、これが私の電話番号です。

0975 **according to ~**

~によれば

According to the news, the typhoon did not cause a lot of damage.

ニュースによると、台風による被害は大きくなかった。

0976 **hear from ~**

〈人〉から便り［連絡・電話］がある

It has been three months since I **heard from** Mindy.

ミンディーから最後に連絡があってから3か月になる。

0977 **dress up**

着飾る、正装する

They **dressed up** for the awards ceremony.

彼らは授賞式のために正装した。

0978 **put out**

〈火など〉を消す

Firefighters quickly **put out** the fire.

消防士たちはすぐに火を消した。

0979 **turn down**

①〈提案など〉を断る、却下する
②〈音量など〉を小さくする
（⇔turn up）

Victor **turned down** the promotion.

ヴィクターは昇進を断った。

0980 **put down**

~を書き留める（≒write down）

What answer did you **put down** for the third question?

3問目の答え、何て書いた？

0981 **suffer from ~**

〈病気など〉にかかる、苦しむ

She has been **suffering from** a headache for two days.

彼女はこの2日間頭痛に苦しんでいる。

Track 098

0982 **put off**

～を**延期する**、**遅らせる**（≒postpone, delay）

The baseball game was **put off** due to the rain.

雨のため、野球の試合は**延期された**。

0983 **reach for ～**

～に**手を伸ばす**、～を**取ろうとする**

► reach out for ～ とも言う。

He **reached for** the book on the shelf.

彼は棚の上の本に**手を伸ばした**。

0984 **be responsible for ～**

～に対して**責任がある**

► ～に動詞がくる場合は *do*ing の形になる。

名 responsibility 責任

Mr. Spencer **is responsible for** manag**ing** the entire project.

スペンサー氏はプロジェクト全体を統括する**責任を負っている**。

0985 **on earth**

一体全体（≒in the world）

► 疑問詞のすぐあとに置いて意味を強める。

What **on earth** is she thinking?

一体彼女は何を考えているんだろう。

0986 **be certain of ～**

～を**確信している**

The math problem was difficult, and he **was** not **certain of** his answer.

その数学の問題は難しくて、彼は自分の答えに**自信がなかった**。

0987 **seem to *do***

～する**ように思われる**

Miranda never **seems to** know what is going on.

ミランダは何が起きているのかまったく知らない**ようだ**。

0988 **make *A do***

A を～**させる**

► 強制的に何かをさせるイメージ。

George tried to **make** his son go to college.

ジョージは息子を大学に行か**せ**ようとした。

0989 **get ready for ~**

～の準備をする

She overslept and hurried to **get ready for** work.

彼女は寝坊し、あわてて仕事の準備をした。

0990 **fall asleep**

寝つく、眠りに落ちる

I **fell asleep** while watching the movie.

私は映画を見ていて寝てしまった。

0991 **be about to *do***

(まさに) ～しようとしている

The play **was about to** start when we got to the theater.

私たちが劇場に着いたとき、劇は始まろうとしていた。

0992 **be made from ~**

～で作られている

► 原料が加工されて原形をとどめていない場合。とどめている場合は be made of ～。

Plastic products **are made from** oil.

プラスチック製品は石油から作られる。

0993 **get along with ~**

～とうまくやっていく

I think you'd **get along** well **with** them.

あなたなら彼らとうまくやっていけると思いますよ。

0994 **on business**

仕事で

My sister is going to New Zealand **on business** next month.

姉は来月仕事でニュージーランドへ行く。

0995 **make money**

金を稼ぐ、利益を上げる

She is working at a café to **make money**.

彼女はお金を稼ぐためにカフェで働いている。

Track 099

0996 **make up *one's* mind**

決心する

When she was 15, she **made up** her **mind** to study abroad.

彼女は15歳のときに留学する決心をした。

0997 **advise *A* to *do***

Aに~するよう忠告する
名 advice 忠告

His accountant **advised** him **to** save more money.

会計士は彼に、もっと多く貯金するようアドバイスした。

0998 **prefer *A* to *B***

BよりもAを好む
► preferの文では「~より」はthanではなくtoで表す。 名 preference 好み

I **prefer** coffee **to** tea.

私は紅茶よりもコーヒーのほうが好きだ。

0999 **so far**

今までのところ

I'm satisfied with this job **so far**.

今のところ、私はこの仕事に満足している。

1000 **get back**

① 戻る ② ~を取り戻す

When did she **get back** from Singapore?

彼女はいつシンガポールから戻ってきたのですか。

1001 **keep in mind that …**

…ということを心にとめておく

Please **keep in mind that** you need to finish this job by Friday.

この仕事は金曜日までに終わらせなければならないことを忘れないでください。

1002 **try on**

~を試着する
► 帽子や靴にも使える表現。

Elena **tried on** 10 wedding dresses before deciding.

エレナはウエディングドレスを10着試着してから決めた。

1003 **keep *A* ~**

A を～（の状態）に保つ
► ～には locked（かぎのかかった）のような過去分詞からできた形容詞も入る。

Meg told me to **keep** the matter secret.

メグは私に、その件を秘密にしておくように言った。

1004 **want *A* to *do***

A に～してほしい

They **want** their son **to** stop spending so much time playing video games.

彼らは、息子がテレビゲームをするのにそんな長時間費やすのをやめてほしいと思っている。

1005 **keep on *do*ing**

～し続ける
► keep *do*ing もほとんど同じ意味。

They **kept on** walk**ing** without taking a rest.

彼らは休みもとらずに歩き続けた。

1006 **for fun**

（仕事ではなく）楽しみのために

Junko takes photos **for fun**.

ジュンコは楽しみのために写真を撮る。

1007 **get away from ~**

～から逃げる、解放される

I need to **get away from** the city for a while.

私はしばらくの間、都会から離れる必要がある。

1008 **be unlikely to *do***

～しそうにない（⇔be likely to *do*）
► unlikely は likely（～しそうな）に否定を表す un- のついた語。

I **was unlikely to** get the job, but I applied anyway.

その仕事にはつけそうになかったが、とにかく応募した。

1009 **at the sight of ~**

～を見て

She screamed **at the sight of** the spider.

クモを見て、彼女は悲鳴を上げた。

Track 100

1010 **aside from ~**

① ~は除いて、別にして (≒except for ~)
② ~に加えて (≒in addition to ~)

Aside from the noise, the hotel room was perfect.

騒音を除けば、そのホテルの部屋は完ぺきだった。

1011 **catch up with ~**

~に追いつく

Daniel slowed down so that his friends could **catch up with** him.

ダニエルは友人たちが追いつけるようにスピードを落とした。

1012 **give up *doing***

~することをあきらめる

► give up の後ろに入る動詞の形を問う問題が出題されている。

I **gave up** trying to fix the TV.

私はテレビを修理するのを断念した。

1013 **provide *A* with *B***

A に B を与える、提供する

► provide *B* for *A* でも同じ意味。A と B が入れ替わる点に注意。

Her university **provided** her **with** a scholarship.

大学は彼女に奨学金を給付した。

1014 **out of the question**

問題にならない、まったく不可能な

Going there again is **out of the question**.

もう一度そこに行くなんて問題外だ。

1015 **make friends with ~**

~と友だちになる、親しくなる

► この場合の friend は必ず複数形になる。

Debra quickly **made friends with** the new neighbor.

デブラは新しい隣人とすぐに友だちになった。

1016 **appeal to ~**

~(の心)に訴える

This book series really **appeals to** young people.

この本のシリーズは若者たちに本当に受けている。

1017 **be in shape**

体調がよい
► get in shape（体調を整える）という表現も覚えておこう。

She **is in shape** because she does yoga every day.

彼女は毎日ヨガをしているので**体調がいい**。

1018 **at the most**

多くても、せいぜい（⇔at least）
► at most とも言う。

The rain will last for three hours **at the most**.

雨は降っても**せいぜい** 3 時間だろう。

1019 **make a decision**

決断を下す、決心する

They **made a decision** to buy their first house.

彼らは初めての家を買うと**決心した**。

1020 **in spite of ~**

~にもかかわらず

We enjoyed hiking **in spite of** the rain.

私たちは雨**にもかかわらず**ハイキングを楽しんだ。

1021 **by mistake**

間違って、うっかり

I took the wrong bus **by mistake**.

私は**うっかり**違うバスに乗ってしまった。

1022 **on time**

時間通りに

You should be **on time**.

時間通りに来てください。

1023 **hang up**

受話器を置く、電話を切る

I'll **hang up** and call you back.

電話を切ってかけ直します。

Track 101

1024 **look up**

(辞書・コンピュータなどで) ～を調べる

Look up any words you do not know.

わからない単語は調べなさい。

1025 **with care**

注意して、気をつけて（≒carefully）

Please handle these documents **with care**.

これらの書類は注意して取り扱ってください。

1026 **show off**

～を見せびらかす、誇示する

Jeremy always **shows off** his gold watch.

ジェレミーは金の時計をいつも見せびらかす。

1027 **drop by (～)**

(～に) ちょっと立ち寄る（≒stop by (～)）

Please **drop by** my house sometime.

いつかわが家にお立ち寄りください。

1028 **along with ～**

～と一緒に、～とともに

Along with money for lunch, you should bring an umbrella.

昼食代と一緒に、傘も持っていったほうがいい。

1029 **be similar to ～**

～に似ている

This sweater **is similar to** Natalie's.

このセーターはナタリーのに似ている。

1030 **be absent from ～**

～を欠席する

He **was absent from** school three days last week.

彼は先週、学校を３日間欠席した。

1031 □□□

A as well as *B*

Bだけでなく A も（また）

Susan speaks Spanish **as well as** English.

スーザンは英語だけでなくスペイン語も話す。

1032 □□□

on average

平均して

Claudia gets her hair cut twice a year **on average**.

クローディアは平均して年に 2 回髪を切る。

1033 □□□

bring up

～を育てる（≒raise）

She was born in Okinawa and **brought up** in Osaka.

彼女は沖縄で生まれ、大阪で育った。

1034 □□□

take after ～

〈親など〉に似ている（≒resemble）

Thomas **takes after** his father.

トーマスは父親に似ている。

1035 □□□

pick up

① （車で）～を迎えに行く
② 〈注文したものなど〉を受け取る
►「～を拾う；～を買う」などの意味もある。

Jeff promised to **pick up** his daughter at the airport.

ジェフは空港に娘を迎えに行く約束をした。

1036 □□□

look forward to ～

～を楽しみに待つ
► ～に動詞が入るときは doing の形になる。

She is really **looking forward to** the school trip.

彼女は修学旅行をとても楽しみにしている。

1037 □□□

look after ～

① ～の世話をする
（≒take care of ～）
② ～を管理する

Jack **looked after** his mother's cat while she was in the hospital.

母親が入院している間、ジャックは彼女のネコの世話をした。

1038 **close to ~** ～の近くに

I live really **close to** my school. 私は学校のすぐ**近くに**住んでいる。

1039 **next to ~** ～の隣に

Pamela's favorite restaurant is **next to** the bank. パメラのお気に入りのレストランは銀行**の隣に**ある。

1040 **come out** ① 姿を現す、現れる ② 発売される
► 文字通り「出てくる」という意味もある。

The moon **came out** from behind the clouds. 雲の後ろから月が**姿を現わした**。

1041 **take away** ① ～を持っていく、片づける ② ～を奪い去る ③〈人〉を連れていく

Can you **take away** these dishes, please? これらの食器を**片づけて**もらえますか。

1042 **go ahead** ①（他の人より）先に行く ②（予定通り）ことを進める ► ahead は「前方に」「（時間的に）先に」という意味。

I have something to do, so please **go ahead**. 用事がありますので、どうぞ**先に行って**ください。

1043 **come true** 実現する

Her dream of living in Japan finally **came true**. 日本に住むという彼女の夢がついに**実現した**。

1044 **pass by ~** ～を通り過ぎる
► 目的語を伴わずに「〈時間などが〉過ぎる」という意味も表す。

He **passed by** the flower shop without noticing. 彼は気づかずにその花屋を**通り過ぎた**。

1045 **by chance**

偶然

Jenny and Walter met **by chance** while traveling through Asia.

ジェニーとウォルターはアジアを旅行していて偶然に会った。

1046 **carry out**

～を実行する

They **carried out** many experiments to develop the vaccine.

ワクチンを開発するために、彼らはたくさんの実験を行った。

1047 **be good at ～**

～が上手だ、得意だ（⇔be poor at ～）
► ～に動詞がくるときは *do*ing の形になる。

His sister **is** very **good at** play**ing** the flute.

彼の妹はフルートを吹くのがとても上手だ。

1048 **instead of ～**

～の代わりに、～ではなく
（≒in place of ～）
► ～に動詞がくる場合は *do*ing の形になる。

Instead of driv**ing** to work every day, why don't you take the train?

毎日車で通勤する代わりに、電車を使ったらどうですか。

1049 **apply for ～**

～に申し込む、応募する

I'd like to **apply for** a job as a waiter.

ウエーターの仕事に応募したいと思っています。

1050 **as well**

～もまた

Blueberries are my favorite fruit, but I like raspberries **as well**.

ブルーベリーは私の大好きな果物だが、ラズベリーも好きだ。

1051 **on foot**

歩いて、徒歩で

She is traveling around the country **on foot**.

彼女は全国を徒歩で旅して回っている。

Track 103

1052 **no longer**

もはや～ない

The old stadium is **no longer** being used.

その古いスタジアムは今はもう使われていない。

1053 **be full of ~**

～でいっぱいだ

The box **is full of** old rock records.

その箱は古いロックのレコードでいっぱいだ。

1054 **at a time**

一度に、一回に（≒at once）

Only five people can enter the cave **at a time**.

その洞窟（どうくつ）は、一度に5人しか入れない。

1055 **for sure**

確かに、確実に（≒for certain）

I do not know **for sure** why Glen said such a thing.

なぜグレンがそんなことを言ったのか、私は確かには知らない。

1056 **keep in touch**

連絡を取り合う（≒stay in touch）

► get in touch（連絡を取る）という表現も覚えておこう。

They've **kept in touch** by email for years.

彼らは何年もの間、メールで連絡を取り合っている。

1057 **run over**

① ちょっと行ってくる、一走りする
② ～を（車で）ひく

Can you **run over** to the store and get me some eggs?

ちょっとお店に行って卵を買ってきてくれる？

1058 **back up**

① ～の裏づけをする ② ～を支持する、支援する ► ファイルの「バックアップをとる」も back up と言う。

The presenter **backed up** her opinion with data.

発表者は自分の意見をデータで裏づけた。

1059 **in need**
困窮している、（生活に）困っている

Our organization raises money for people **in need**.
当団体は**困窮している**人々のためにお金を集めています。

1060 **in detail**
詳細に、詳しく

I'd like to know about the group **in detail**.
私はそのグループについて**詳しく**知りたい。

1061 **show up**
現れる、来る

She **showed up** late for the meeting.
彼女は会議に遅れて**現れた**。

1062 **think better of ~**
〈計画・行為など〉を考え直してやめる

He was going to quit the club, but then he **thought better of** it.
彼は退部するつもりだったが、**考え直した**。

1063 **come from ~**
① ～から来た、～の出身である
② ～に由来する

She **comes from** northern Vietnam.
彼女はベトナム北部の**出身**だ。

1064 **result in ~**
～（という結果）につながる

Such a process can **result in** a loss of time.
そのようなプロセスは時間のロスに**つながる**可能性がある。

1065 **make out**
① ～を（何とか）見分ける、聞き分ける
② 〈書類など〉を作成する、書く

Her voice was so low that no one could **make out** what she said.
声がとても小さかったので、彼女が何を言ったのかだれも**聞き取れ**なかった。

Track 104

1066 **be sick of ~**

～にうんざりしている、飽き飽きしている

Jimmy **is sick of** his boring life.

ジミーは退屈な生活にうんざりしている。

1067 **be poor at ~**

～が下手だ（⇔be good at ～）

► ～に動詞が来る場合は *do*ing の形になる。

Paula **is** very **poor at** playing badminton.

ポーラはバドミントンがとても下手だ。

1068 **sooner or later**

遅かれ早かれ、いつかは

People are going to find out your secret **sooner or later.**

遅かれ早かれ、人々はあなたの秘密を知ることになる。

1069 **take back**

① 〈人〉を連れて帰る、連れ戻す
② 〈人〉に昔を思い出させる

The bus driver **took** the students **back** to the school.

バスの運転手は生徒たちを学校に連れて帰った。

1070 **without fail**

必ず、欠かさずに

Please call me back **without fail.**

必ず私に電話をかけ直してください。

1071 **call out**

叫ぶ、声をかける

Suddenly somebody **called out** to me from behind.

突然だれかが後ろから私に声をかけた。

1072 **a few ~**

少しの～、少数の～

► ～には名詞の複数形が入る。

There are **a few** birds in the tree.

その木に鳥が 2、3 羽止まっている。

1073 **find out** ～を知る、調べる

I'm calling to **find out** where I should mail my application.
申込書をどこに郵送したらいいか**知り**たくお電話しています。

1074 **ask *A* to *do*** A に～するよう頼む

She **asked** us **to** bring food to the party.
彼女は私たちにパーティーに食べ物を持ってくる**よう頼ん**だ。

1075 **at first** 最初

At first, I could not understand what Mr. Brown was saying.
私は**最初**、ブラウン先生の言っていることが理解できなかった。

1076 **be afraid of ～** ～が怖い
► ～に動詞がくる場合は *do*ing の形になる。

My daughter **is afraid of** bees.
娘はハチを**怖がっている**。

1077 **had better *do*** ～したほうがよい、～するべきだ
► 否定形は had better not *do* の形。

You **had better** ask your teacher for advice.
先生にアドバイスをしてもらったほうが**よいで**すよ。

1078 **allow *A* to *do*** A が～するのを可能にする、許可する

This software **allows** users **to** build websites easily.
このソフトを使えばユーザーは簡単にウェブサイトを作る**ことができる**。

1079 **forget to *do*** ～するのを忘れる
► forget *do*ing だと「～したことを忘れる」という意味になる。

Sheldon **forgot to** turn off the air conditioner.
シェルドンはエアコンを切るのを**忘れた**。

Track 105

1080 **for the first time**

初めて

He played golf **for the first time** last month.

彼は先月、**初めて**ゴルフをした。

1081 **a couple of ~**

① 2、3 の~、いくつかの~
② 2 つの~

We stayed at the hotel for **a couple of** days.

私たちは **2、3** 日の間、そのホテルに滞在した。

1082 **take part in ~**

〈催し物など〉に**参加する**
(≒participate in ~)
► ~に動詞がくる場合は *doing* の形になる。

Yesterday, we **took part in** cleaning up the beach.

昨日、私たちはビーチの清掃に**参加した**。

1083 **ask for ~**

~を**求める、要求する**

The man **asked for** a quiet table by the window.

その男性は窓際の静かなテーブルを**希望した**。

1084 **let *A do***

A に~**させる、させてやる**

Fran **let** her son play video games for an hour today.

今日フランは、息子に 1 時間テレビゲームを**させてやった**。

1085 **even if …**

たとえ…だとしても

Even if we leave right now, we still will not catch the last bus.

たとえ今すぐに出かけ**ても**、終バスには間に合わないだろう。

1086 **take a look at ~**

~を(一目)**見る**

Take a look at that amazing view.

あの素晴らしい景色を**見て**ごらんなさい。

1087 **take off**

① ～を脱ぐ（⇔put on）
② 離陸する
► メガネ、指輪などを外すときにも使う。

Please **take off** your shoes at the entrance.

入り口で靴を脱いでください。

1088 **both *A* and *B***

A と B の両方とも
► *A* と *B* には名詞だけでなく、動詞や形容詞が入ることもある。

Basketball can be played by **both** boys **and** girls.

バスケットボールは男の子も女の子もプレーすることができる。

1089 **have trouble with ～**

～で困る、苦労する
► be in trouble with ～（～のことで困っている）という表現も覚えておこう。

I am **having trouble with** my new computer.

私は新しいパソコンで苦労している。

1090 **none of ～**

～のどれも［だれも］…ない

None of the TV programs look interesting tonight.

今夜のテレビ番組はどれも面白くなさそうだ。

1091 **plenty of ～**

十分な～、たくさんの～

There is still **plenty of** time to go to the festival.

お祭りに行くのにまだ時間は十分ある。

1092 **add *A* to *B***

B に A を加える

Naomi **added** a little milk **to** her tea.

ナオミは紅茶に牛乳を少し加えた。

1093 **continue *doing***

～し続ける
► continue to *do* もほとんど同じ意味。

They often **continued** talk**ing** on the phone until late at night.

彼らはよく夜遅くまで電話で話し続けた。

Track 106

1094 **bring back**

① 〈もの〉を持って帰る、〈人〉を連れて帰る
② 〈記憶など〉を呼び起こす

Rick **brought back** souvenirs from his trip to Laos.

リックはラオス旅行のお土産を持ち帰った。

1095 **do well**

成功する、よい成績をとる
► do well in ～（～で成功する）の形で覚えておこう。

A tutor can help your child **do well in** school.

家庭教師は子どもが学校でよい成績をとる手助けをすることができる。

1096 **be sure to *do***

必ず～する

Be sure to say hello to your parents for me.

くれぐれもご両親によろしくお伝えください。

1097 **name *A* after *B***

BにちなんでAを名づける

She **named** the baby **after** her grandfather.

彼女は祖父にちなんで赤ん坊の名前をつけた。

1098 **be used to *doing***

～することに慣れている
► used to *do*（以前は～だった）と混同しないように注意。

Ben **is used to** doing multiple tasks at a time.

ベンは一度に複数の仕事をこなすのに慣れている。

1099 **up to ～**

（最大）～まで

Koalas sleep for **up to** 22 hours a day.

コアラは1日に最長22時間眠る。

1100 **take a seat**

座る
► have a seat とも言う。

Please **take a seat** in the front row.

最前列にお座りください。

1101 **after a while**

しばらくすると

After a while, the Thai restaurant became very popular.

しばらくすると、そのタイ料理のレストランは大変な人気になった。

1102 **take out**

① ～を取り出す、持ち出す
② 〈食べ物〉をテイクアウトする

Donna always **takes out** the garbage herself.

ドナはいつも自分でごみを出す。

1103 **have *A* in common**

Aを共有する
► in common は「共通して」という意味。

Martin and I **have** much **in common**.

マーティンと私には多くの共通点がある。

1104 **point out**

～を指摘する

He **pointed out** that the plan had some serious problems.

彼は、その計画には重大な問題があると指摘した。

1105 **on the way home**

家に帰る途中で
► on *one's* way home とも言う。

Doug bought ice cream **on the way home** from work.

ダグは仕事帰りにアイスクリームを買った。

1106 **neither of ~**

~のどちらも…ない

My husband and I wanted a new sofa, but **neither of** us had enough money.

夫と私は新しいソファが欲しかったが、私たちのどちらも十分なお金を持っていなかった。

1107 **as ~ as ever**

相変わらず、依然として

Sally may be old now, but she still sings **as** well **as ever**.

サリーはもう高齢かもしれないが、相変わらず歌がうまい。

1108 **see if …** …かどうか確かめる

Let's **see if** we can do the same thing again. 同じことがもう一度できるか確認してみよう。

1109 **would rather *do*** ～するほうがよい、むしろ～したい

I'd **rather** go there on foot than by bus. 私はそこへバスで行くより、むしろ歩いて行きたい。

1110 **take turns *do*ing** 交替で～する

Cassie and her partner **take turns** cook**ing** dinner. キャシーとパートナーは交替で夕食を作る。

1111 **be on a diet** ダイエット中だ

I've **been on a diet** since last month. 先月からダイエットしているんです。

1112 **it looks like …** …しそうだ

It looks like it's going to be stormy. 嵐になりそうだ。

1113 **turn out to be ～** (結局) ～であることがわかる (≒prove to be ～)
► to be は省略されることもある。

The rumor **turned out to be** true, after all. 結局、そのうわさは本当だった。

1114 **out of order** 故障して

The escalator in the station was **out of order** for two weeks. その駅のエスカレーターは２週間故障していた。

1115 **make a noise** 騒音［物音］を立てる

The cat **made a noise** and woke up the baby.
そのネコは大きな音を立てて赤ちゃんを起こした。

1116 **be ready for ~** ~の準備ができている

We **are ready for** the Christmas party.
クリスマスパーティーの準備ができた。

1117 **at the moment** （ちょうど）今

Sorry, but my parents aren't home **at the moment**.
申し訳ありませんが、両親は今家にいません。

1118 **how to *do*** ~の仕方

Lydia learned **how to** play the cello.
リディアはチェロの弾き方を習った。

1119 **for instance** 例えば（≒for example）

A lot of college graduates cannot find jobs, like my sister, **for instance**.
多くの大卒者が仕事につけずにいる。例えば私の姉のように。

1120 **major in ~** ~を専攻する（≒specialize in ~）

Cecil wants to **major in** philosophy in college.
セシルは大学で哲学を専攻したいと思っている。

1121 **a friend of mine** 友だちの一人
► mine の代わりに his、hers などが入ることもある。

A friend of mine is coming to visit tomorrow.
明日私の友人が訪ねてくる。

Track 108

1122 **feel like *doing*** ～したい気がする

Devin does not **feel like** cook**ing** dinner today. デヴィンは、今日は夕食を作る気にならない。

1123 **work for ～** ～に勤めている

He **works for** a TV station in London. 彼はロンドンにあるテレビ局に勤めている。

1124 **a sheet of ～** 1枚の～

Do you have **a sheet of** paper I could take notes on? メモ用紙を1枚お持ちではありませんか。

1125 **participate in ～** ～に参加する（≒take part in ～）

Hank is going to **participate in** a marathon next month. ハンクは来月マラソン大会に参加するつもりだ。

1126 **take a break** 休憩する

► have a break とも言う。

She **took a break** from writing to make lunch. 彼女は昼食を作るために執筆を一休みした。

1127 **after all** 結局（は）

He bought tickets to the concert, but did not go **after all**. 彼はそのコンサートのチケットを買ったが、結局行かなかった。

1128 **a variety of ～** さまざまな～（≒various）

► variety は「多様性」という意味。a wide variety of ～ の形でもよく使われる。

You can buy **a variety of** vegetables here. ここではさまざまな野菜を買うことができます。

1129 **in time for ~**

~に間に合って

Sam woke up late, but he was still **in time for** first period.

サムは寝坊したが、それでも1時間目の授業に間に合った。

1130 **put on**

~を着る、身につける
► wear は「着ている」という状態を表す。

Put on a coat when you go out.

出かけるときはコートを着なさい。

1131 **that is how …**

そのようにして…、そういう経緯で…
► that is why …（そういう理由で…）という表現も覚えておこう。

They both like robots. **That is how** they became friends.

彼らは二人ともロボットが好きだ。**そうして**彼らは友だちになった。

1132 **play a part in ~**

① ~で役割を果たす
② ~で役を演じる

Fiona **played an** important **part in** opening the museum.

フィオナは美術館の開館に重要な**役割を果た**した。

1133 **get rid of ~**

~を取り除く、処分する（≒remove）

Dallas decided to **get rid of** his stamp collection.

ダラスは切手のコレクションを**処分する**ことにした。

1134 **call for ~**

① ~を声を上げて求める
② ~を必要とする

The girls **called for** help when their friend fell.

友人が倒れて、少女たちは**声を上げて**助けを**求めた**。

1135 **consider *doing***

~することを検討する

He is **considering** moving to a new city when he graduates from college.

彼は、大学を卒業したら新しい都市に引っ越そうかと**考えている**。

Track 109

1136 **be busy *doing*** ~するのに**忙しい**

► be busy with ~（~に忙しい）という表現も覚えておこう。

I **am busy** preparing for exams, so I can't go. 私は試験の準備で忙しいので行けません。

1137 **It takes *A* to *do*.** ~するのにA**かかる**

It took several hours **to** put together the desk. その机を組み立てるのに数時間かかった。

1138 **all year round** **一年中**

► all the year around とも言う。

The zoo is open **all year round**. その動物園は一年中開園している。

1139 **care about ~** ① ~に**関心がある** ②〈人〉のことを**心配する**

Miles does not **care about** his grades at school. マイルズは学校での成績に関心がない。

1140 **all through ~** ~**中**

Jackson watched animal videos **all through** the night. ジャクソンは一晩中動物の動画を見た。

1141 **stay away from ~** ①〈害のあるものなど〉を**避ける** ② ~に**近づかない**

Stay away from a crows' nest. カラスの巣に近づかないでください。

1142 **be in a hurry** **急いでいる**

Sorry, I **am in a hurry** to get to work. 申し訳ありませんが、仕事に行くので急いでいます。

1143 **differ from ~**

～と異なる ► be different from ～（～と異なっている）という表現も覚えておこう。
名 difference 違い

Our method **differs** greatly **from** others.

私たちの方法はほかのものとは大きく**異なる**。

1144 **believe in ~**

～の存在を信じる、～を信用する

The children still **believe in** Santa Claus.

その子どもたちはまだサンタクロースの**存在を信じている**。

1145 **check *A* for *B***

B があるか A を調べる

Sydney **checked** her report **for** spelling mistakes.

シドニーはレポートにスペルミスがないか**チェックした**。

1146 **for a moment**

少しの間、ちょっと
►「moment（一瞬）の間」という意味。

Let me think **for a moment.**

ちょっと考えさせてください。

1147 **get around**

動き回る、あちこち移動する

She usually uses a motorcycle to **get around.**

彼女は普段、**あちこち移動する**のにオートバイを使っている。

1148 **feel sorry for ~**

～を気の毒に思う、～に同情する

He **felt sorry for** the poor children.

彼はその貧しい子どもたちのことを**気の毒に思った**。

1149 **in advance**

前もって、事前に

He booked his ticket to the museum **in advance.**

彼は**前もって**美術館のチケットを予約した。

1150 **make a speech**

スピーチをする（≒give a speech）

The prime minister **made a speech** on TV.

首相はテレビで演説した。

1151 **laugh at ~**

~を見て［聞いて］笑う

名 laughter 笑い

We **laughed at** Mr. Robert's joke.

私たちはロバート先生の冗談を聞いて笑った。

1152 **at risk**

危険にさらされて

► be at risk of [for] ~ で「~の危険にさらされている」という意味。

You **are at risk of** catching malaria in the area.

その地域は、マラリアにかかる危険がある。

1153 **have a discussion with ~**

~と話し合う

She **had a discussion with** her parents about her future.

彼女は自分の将来について両親と話し合った。

1154 **be in good spirits**

気分がいい、上機嫌だ

（⇔be in low spirits）

John **was in good spirits** after the victory in the final match.

ジョンは、決勝戦で勝って上機嫌だった。

1155 **one ~, the others …**

あるものは~、その他のものは…

► p. 020 のミニコラムも参照。

One of her brothers is working, **the others** are still in high school.

彼女の兄弟のうち一人は働いているが、ほかはまだ高校生だ。

1156 **on fire**

燃えて、火がついて

They realized that their neighbor's house was **on fire**.

彼らは隣の家が燃えているのに気づいた。

1157 **push *A* to *do***

Aに～するよう強く求める、強要する

Max **pushed** his friend **to** join the chess competition with him.

マックスは、一緒にチェス大会に参加しようと友だちを無理やり誘った。

1158 **consist of ～**

～から成る
形 consistent 一貫した

Germany **consists of** 16 states.

ドイツは16の州から成る。

1159 **be ashamed of ～**

～を恥じている
► be ashamed of *oneself* だと「自らを恥じる」という意味。

Mark **is ashamed of** his behavior at the party yesterday.

マークは、昨日のパーティーでの振る舞いを恥じている。

1160 **look down on ～**

〈人〉を見下す（⇔look up to ～）

Jane never **looks down on** anyone.

ジェーンは決して人を見下さない。

1161 **take a risk**

危険を冒す

Patrick **took a risk** to start a new business.

パトリックは危険を冒して新しいビジネスを始めた。

1162 **come across ～**

〈人〉に（偶然）出くわす、～をふと見つける

Mathew **came across** an old friend at the mall.

マシューはショッピングモールで旧友に出くわした。

1163 **in the sun**

日なたで

A cat is lying **in the sun**.

ネコが日なたで寝そべっている。

1164 **It is no wonder that …** …だとしても不思議ではない

Ms. Oka is very kind, so **it is no wonder that** students like her.
オカ先生はとても親切なので、生徒たちが彼女を好きなのも不思議ではない。

1165 **vote for ~** ~に（賛成）票を投じる
►「~に反対票を投じる」は vote against ~ と言う。

Connor **voted for** his friend in the election.
コナーは選挙で友人に投票した。

1166 **be short of ~** ~が不足している
►「（これから）不足する」と言う場合は run short of ~ と言う。

Lisa could not buy the watch because she **was short of** money.
お金が足りなかったので、リサは時計を買えなかった。

1167 **by now** 今ごろまでには

The pizza should have been delivered **by now.**
今ごろはもうピザが届いているはずなのに。

1168 **keep an eye on ~** ~から目を離さない

Please **keep an eye on** Beth while I have a shower.
私がシャワーを浴びている間、ベスのことを見ていてちょうだい。

1169 **not always** いつも~というわけではない

I'm **not always** free on Sundays, but usually I am.
日曜日はいつも空いているわけではないですが、たいていは空いています。

1170 **lay down** ~を下に置く、下ろす

Lay down your pencil on your desk after you finish writing.
書き終わったら、鉛筆を机に置いてください。

1171 **feel at home**
くつろいだ気分になる

She **feels at home** when she is in nature.
自然の中にいると、彼女はくつろいだ気分になる。

1172 **hold on**
電話を切らないで待つ

Could you **hold on**? Someone is at the door.
このままお待ちいただけますか。玄関にだれかいるようなので。

1173 **before long**
間もなく（≒soon）

We'll arrive at the beach **before long**.
間もなくビーチに到着します。

1174 **keep *one's* promise**
約束を守る
► keep *one's* word とも言う。

Mitchell **kept** his **promise** to his mother.
ミッチェルは母親との約束を守った。

1175 **be up to ~**
~次第だ、~に委ねられている

It's **up to** you to improve your own life.
自分の人生をよくできるのは自分次第だ。

1176 **be free from ~**
① ~から解放されている
② ~を含んでいない

After retiring, she **was** completely **free from** worries about work.
退職後、彼女は仕事の心配から完全に解放された。

1177 **do without ~**
~なしで済ます（≒go without ~）

His hotel room did not have Wi-Fi, so he had to **do without** the Internet.
ホテルの部屋にWi-Fiがなかったので、彼はインターネットなしで済まさなければならなかった。

1178 **focus on ~**

~に集中する

Jane decided to **focus on** her studies.

ジェーンは勉強に**集中する**ことにした。

1179 **make sense of ~**

~を理解する

► make sense（意味をなす、理解できる）という表現も覚えておこう。

The engineer could not **make sense of** the instructions.

そのエンジニアは指示を**理解**できなかった。

1180 **be capable of *doing***

~する能力がある、~できる

Her new computer **is capable of** process**ing** large amounts of data.

彼女の新しいコンピュータは大量のデータを処理する**ことができる**。

1181 **It is no use *doing*.**

~しても無駄だ

It is no use cry**ing** about something that cannot be changed.

変えられないもののことで泣くのは**無駄だ**。

1182 **head for ~**

~へ向かう

The couple decided to **head for** the mountains in the morning.

そのカップルは、朝のうちに山に**向かう**ことにした。

1183 **make *oneself* at home**

くつろぐ、リラックスする

Make yourself **at home** while I get something to drink.

何か飲み物を取ってくるのでその間**くつろいで**いてください。

1184 **no more than ~**

わずか~、~しか（≒only）

All presentations must be **no more than** 10 minutes long.

発表はすべて**わずか** 10 分の長さにしなければならない。

1185 **wonder about ~** ～について思いをめぐらせる、～に関心がある

She often **wondered about** life in ancient Egypt. 彼女はよく古代エジプトの生活について思いをめぐらせた。

1186 **on the phone** 電話中で

Gail is **on the phone** with her sister. ゲイルは姉と**電話中**だ。

1187 **call off** ～を中止する（≒cancel）

The school concert was **called off** because of heavy snow. 学校のコンサートは大雪のため**中止になった**。

1188 **against *one's* will** 意に反して、不本意ながら

Tony had to stay home **against** his **will**. トニーは**不本意ながら**家にいなければならなかった。

1189 **become accustomed to ~** ～に慣れる（≒get used to ～）

It took many years for her to **become accustomed to** life in India. 彼女がインドの生活に**慣れる**のに何年もかかった。

1190 **in other words** 言い換えれば、つまり

She said the cake was too sweet. **In other words**, she did not like it. 彼女はケーキが甘すぎると言った。**つまり**、彼女はそれが気に入らなかったのだ。

1191 **lose *one's* balance** バランスを崩す

Brad **lost** his **balance** when he was walking in the snow. ブラッドは雪の中を歩いているときに**バランスを崩した**。

Track 113

1192 **take a bite**

一口食べる

I'll just **take a bite** since I'm not very hungry.

あまりおなかがすいていないので、一口だけいただきます。

1193 **the point is that …**

重要なのは…ということだ

The point is that everyone has their own dream.

重要なのは、だれもが自分の夢を持っているということだ。

1194 **go wrong**

うまくいかない、失敗する

► go wrong with ～ で「～がうまくいかない」と言う意味。

Hopefully nothing **goes wrong with** the date tonight.

今夜のデートで何も問題が起こらないといいのだが。

1195 **be popular with ～**

～に人気がある

The café **is** very **popular with** people who work on their laptops.

このカフェはノートパソコンで仕事をする人たちにとても人気がある。

1196 **turn up**

現れる（≒appear）

He always **turns up** late at events.

彼はいつもイベントに遅れて現れる。

1197 **let down**

〈人〉をがっかりさせる（≒disappoint）

She really **let** me **down** with her bad attitude.

彼女の態度の悪さに、私は本当にがっかりした。

1198 **fall in love**

恋に落ちる

She **fell in love** with Alex at first sight.

彼女はアレックスに一目惚れした。

1199 **take pride in ~**

～を誇りに思っている

Make sure to always **take pride in** your own work.

常に自分の仕事に**誇りを持つ**ようにしなさい。

1200 **burst into laughter**

爆笑する、吹き出す

► burst into tears（わっと泣き出す）という表現も覚えておこう。

When she saw my costume, she **burst into laughter**.

彼女は私の服装を見ると**吹き出した**。

1201 **upside down**

上下逆さまに

►「裏表逆に」は inside out と言う。

A monkey is hanging from the tree **upside down**.

サルが木から**逆さまに**ぶら下がっている。

1202 **as for ~**

～については

As for the price, I think it's pretty expensive.

値段**について**言え**ば**、それはちょっと高いと思う。

1203 **on and on**

長々と、延々と

The singer talked **on and on** about his new song.

その歌手は新曲について**延々と**話した。

1204 **for fear of ~**

～を恐れて

She does not like to start new things **for fear of** making mistakes.

彼女は間違えること**を恐れて**新しいことを始めたがらない。

1205 **in brief**

手短に（≒briefly）

In brief, the event was a great success.

手短に言ってイベントは大成功だった。

Track 114

1206 **shut down**

〈工場・店など〉が閉鎖される

► close down もほとんど同じ意味。

The car factory is going to **shut down** next month.

その自動車工場は来月閉鎖される。

1207 **be crazy about ~**

~に夢中になっている

They **are crazy about** the young singer.

彼らはその若い歌手に夢中になっている。

1208 **leave *A* for *B***

B に向けて A を出発する

That year, he **left** Tokyo **for** Hong Kong.

その年、彼は香港に向けて東京を出発した。

1209 **make a new start**

新たなスタートを切る

After the war, the country **made a new start.**

戦争が終わると、その国は新たなスタートを切った。

1210 **mix up**

~を混同する

►「混ぜる」という mix の意味から見当をつけよう。

Many people often **mix up** the words "affect" and "effect."

多くの人がよく affect と effect という単語を混同する。

1211 **at a loss**

途方に暮れて

He failed the exam and was **at a loss** about what to do in the future.

彼は試験に落ちて、その先何をしていったらいいのか途方に暮れた。

1212 **put aside**

① 〈金など〉を取っておく、蓄える
② ~を脇に置く

He is **putting aside** five dollars a month to buy a bike.

彼は自転車を買うために毎月 5 ドル貯めている。

1213 **be concerned about ～**

～について心配している（≒be worried about ～）

She **is concerned about** her parents' health these days.

彼女は近ごろ両親の健康を心配している。

1214 **as usual**

いつものように

She is in a good mood **as usual**.

彼女はいつものように機嫌がよい。

1215 **go with ～**

～と調和する、～に似合う（≒match）

Do you think these shoes **go with** this dress?

この靴はこのドレスに似合うと思いますか。

1216 **come to mind**

〈考えなどが〉思い浮かぶ

Sarah asked for my opinion, but nothing **came to mind**.

サラは私の意見を求めたが、何も思い浮かばなかった。

1217 **all the way home**

家までずっと

The dog followed me **all the way home**.

その犬は家までずっと私についてきた。

1218 **be in trouble with ～**

～のことで困っている

I**'m in trouble with** my boss now.

私は今、上司とうまくいっていなくて困っている。

1219 **some ～, others …**

～するものもあれば…するものもある

Some love meat, but **others** prefer fish.

肉が好きな人もいるが、魚のほうを好む人もいる。

1220 **stay out** 外出している

You should not **stay out** too late. あまり遅くまで**外出していて**はいけませんよ。

1221 **worry about ~** ~について心配する

Don't **worry about** that. そのことは**心配し**なくていいよ。

1222 **not so much *A* as *B*** B ほど A でない、A というよりは B

He is **not so much** a scientist **as** a journalist. 彼は科学者**というよりは**ジャーナリストだ。

1223 **tell a lie** うそをつく

She's not the kind of person to **tell a lie**. 彼女は**うそをつく**ようなタイプの人ではない。

1224 **cannot help *doing*** ~せずにはいられない

I **cannot help** laugh**ing** when I see his giant glasses. 彼の大きなメガネを見ると、笑わ**ずにはいられない**。

1225 **bring about** ~をもたらす、引き起こす（≒cause）

This technology has **brought about** dramatic changes in our lives. この技術は私たちの生活に劇的な変化を**もたらしてきた**。

1226 **make *one's* bed** ベッドを整える

Why do I have to **make** my **bed** every morning? なぜ毎朝**ベッドを整え**なければいけないのだろう。

1227 **a bunch of ~**

一束の~

Bill bought his wife **a bunch of** flowers for her birthday.

ビルは妻の誕生日プレゼントに花束を買った。

1228 **try *one's* best**

最善を尽くす

All you can do is **try** your **best**.

あなたにできるのは**最善を尽くす**ことだけだ。

1229 **be happy to *do***

~して**うれしい、よろこんで**~する

I'll **be happy to** show you around the city.

私がよろこんで街をご案内します。

1230 **be satisfied with ~**

~に**満足している**

He **is** very **satisfied with** his latest painting.

彼は、最近描いた絵にとても**満足している**。

1231 **on board**

〈船・飛行機など〉に**乗って、搭乗して**

About 100 passengers were **on board** the plane.

その飛行機には約100人の乗客が**乗っていた**。

1232 **in place of ~**

~**の代わりに**（≒instead of ~）

You can use honey **in place of** sugar when you make cake.

ケーキを作るときには砂糖**の代わりに**ハチミツを使うことができる。

1233 **stay in bed**

寝ている

He had to **stay in bed** all day, because he had a cold.

彼は風邪を引いて、一日中**寝ていなければ**ならなかった。

Track 116

1234 **afford to *do*** ～するだけの**余裕がある**

The young couple could not **afford to** buy their own house. その若い夫婦には自分たちの家を買う**余裕は**なかった。

1235 **to begin with** 最初(は)、始め(は)

Let's ride the roller coaster **to begin with.** まず、ジェットコースターに乗ろう。

1236 **put *A* in order** Aを整理する、Aの順序を整える

She **put** her spices **in order** so that she could find them easily. 彼女は見つけやすいようにスパイスを順番に並べた。

1237 **at the risk of ～** ① ～の危険を冒して ② ～の危機にあって

The man dove into the river **at the risk of** his own life to save the young boy. 男の子を救うため、男性は命**の危険を冒して**川に飛び込んだ。

1238 **in fact** 実は、実際は

She looks very angry, but **in fact**, she is just sad. 彼女はとても怒っているように見えるが、**実際**は悲しんでいるだけだ。

1239 **by heart** 暗記して

She knows all these songs **by heart.** 彼女はこれらの歌すべてを**暗記**している。

1240 **turn off** ～(の電源)を消す;〈ガス・水道など〉を止める(⇔turn on)

She **turned off** the gas quickly after the earthquake. 地震のあと、彼女はすぐにガスを**止めた**。

1241
take over
（～を）引き継ぐ

He **took over** his family's business.
彼は家業を継いだ。

1242
with luck
運がよければ、うまくいけば

With luck, I might be able to get there by tomorrow.
うまくいけば、明日までにそこに着けるかもしれない。

1243
put away
～を片づける、しまう

His mother always tells him to **put away** his clothes.
母親はいつも、彼に服を片づけるよう言っている。

1244
cheer up
① ～を元気づける ② 元気になる

The letter from my grandfather **cheered** me **up**.
私は祖父からの手紙に元気づけられた。

1245
fill up
〈容器など〉を満たす

The waiter **filled up** her glass with water.
ウェイターは彼女のグラスに水をなみなみと注いだ。

1246
stand out
目立つ、際立つ

The young singer **stands out** among others.
その若い歌手はほかの歌手と比べて際立っている。

1247
for free
無料で、ただで（≒for nothing）

This computer software is available **for free**.
このコンピュータソフトは無料で利用できる。

1248 **be based on ~** ～に基づいている

This TV show **is based on** a very popular comic series. このテレビ番組はとても人気のあるコミックシリーズに基づいている。

1249 **come up with ~** ～を思いつく

The chef **came up with** a new recipe for the dessert. そのシェフはデザートの新しいレシピを思いついた。

1250 **fall over** （つまずいて）転ぶ

Billy lost his balance and **fell over**. ビリーはバランスを崩して転んだ。

1251 **line up** 整列する、1列に並ぶ

The teacher asked her students to **line up** quickly. 先生は生徒たちに早く整列するよう言った。

1252 **speak up** （もっと）大きな声で話す

I can't hear you if you don't **speak up**. 大きな声で話してくれないと、言っていることが聞こえません。

1253 **pay for ~** ～の代金を支払う

Can I **pay for** this dictionary with my credit card? この辞書の代金をクレジットカードで支払えますか。

1254 **fill out** ～に記入する（≒fill in）

Chris **filled out** three university applications yesterday. クリスは昨日、3つの大学の願書に記入した。

1255 **grow up**
成長する、大人になる

The famous musician **grew up** in Berlin.
その有名なミュージシャンはベルリンで育った。

1256 **stand by**
〈人〉を支援する、〈人〉の味方をする

I will always **stand by** you when you need help.
助けが必要なときはいつでもあなたの力になります。

1257 **except for ~**
~を除いて、~以外は

Everyone **except for** Carl is going on the camping trip.
カール以外は皆、キャンプ旅行に行く。

1258 **be pleased with ~**
~が気に入っている、
~に満足している

Lance **is** really **pleased with** his new poem.
ランスは自分の新しい詩が本当に気に入っている。

1259 **break up**
① ~を分解する、ばらばらにする
② 〈カップルなどが〉別れる

They are **breaking up** the bricks into pieces.
彼らはレンガを粉々に砕いている。

1260 **be jealous of ~**
~をうらやましく思っている、
~に嫉妬している
名 jealousy 嫉妬

Her older sister **is** very **jealous of** her life.
姉は、彼女の人生をとてもうらやんでいる。

1261 **for a change**
気分転換に

She went on a ski trip **for a change**.
彼女は気分転換にスキー旅行に行った。

1262 **in place**

あるべき場所に

Once all of the performers were **in place**, they raised the curtains.

出演者全員が所定の位置についたところで、幕が上がった。

1263 **of use**

役に立って

You won't be **of use** to the team if you're sick.

体調が悪かったらチームの役に立てないよ。

1264 **at last**

ついに、ようやく（≒finally）

They found their lost bird **at last**.

彼らはいなくなった鳥をついに見つけた。

1265 **at heart**

根は、本当のところは

Simone is a kind person **at heart**.

シモーヌは根はいい人だ。

1266 **in part**

ある程度は、部分的には
（≒partly, to some extent）

The delay is caused **in part** by the rain.

その遅れは、部分的には雨に起因する。

1267 **be typical of ~**

～に典型的である

This behavior **is typical of** young children.

この行動は幼い子どもに典型的なものだ。

1268 **by nature**

生まれつき

She is shy **by nature**.

彼女は生まれつき内気だ。

1269 **by far**

はるかに、ずっと
► 比較級や最上級を強める表現。

He is **by far** the best player on the team.

彼はチーム内でもずば抜けてすぐれた選手だ。

1270 **to the point**

適切な、要領を得た

Her explanations are always short and **to the point.**

彼女の説明はいつも短くて要領を得ている。

1271 **be compared to ~**

~に例えられる

Life is often **compared to** a voyage.

人生はしばしば航海に例えられる。

1272 **at present**

現在は

At present, there are 30 players on our soccer team.

現在、私たちのサッカーチームには 30 人の選手がいる。

1273 **wear out**

① ~をすり減らす ② すり減る

My children **wear out** their shoes quickly.

うちの子どもたちはすぐに靴をすり減らしてしまう。

1274 **look over**

~に（ざっと）目を通す

Could you **look over** my science report?

科学のレポートに目を通してもらえますか。

1275 **in the way**

邪魔になって

You're **in the way** when you stand there.

そこに立っていると邪魔ですよ。

1276 **stand for ~**

（略語などが）~を表す

"AI" **stands for** "Artificial Intelligence."

AI は Artificial Intelligence（人工知能）を表している。

1277 **because of ~**

~のために

► 長文中で because of this（このため）の形でもよく出題されている。

I could not sleep well last night **because of** the noise.

私はゆうべ、その物音のせいでよく眠れなかった。

1278 **take care of ~**

① ~の世話をする、面倒を見る（≒look after ~）
② ~を手入れする

Ryan usually **takes care of** his little brothers on weekends.

ライアンは普段週末には弟たちの面倒を見る。

1279 **so that …**

…するように

The English teacher talked slowly **so that** the students could understand.

英語の先生は、生徒たちが理解できるようにゆっくりと話した。

1280 **in the past**

昔は、かつては

The lake was much larger **in the past**.

その湖はかつてはずっと大きかった。

1281 **at least**

少なくとも（⇔at the most）

It will take me **at least** three days to finish this job.

この仕事を終えるのに、少なくとも3日はかかる。

1282 **by way of ~**

~経由で、~を通って（≒via）

The plane flew to Hong Kong **by way of** Singapore.

その飛行機はシンガポール経由で香港に飛んだ。

1283 **on sale**

① セール中で、特価で
② 販売されて

Since apples are **on sale**, we should buy more of them.

リンゴがセール中だから、もっと買うべきだよ。

1284 **in the end**

結局、最後には

In the end, she became a famous novel writer.

最後には、彼女は有名な小説家になった。

1285 **come over**

こちらに来る

Why don't you **come over** to my house tonight?

今夜、うちに来ない？

1286 **in order to *do***

～するために

► 否定形 in order not to *do*（～しないように）も出題されている。

He entered law school **in order to** become a lawyer.

彼は弁護士になるためにロースクールに入学した。

1287 **thanks to ～**

～のおかげで

Thanks to hard practice, they won the game.

ハードな練習のおかげで、彼らは試合に勝った。

1288 **look like ～**

～のように見える、～に似ている

She **looks like** a famous actress.

彼女は有名な女優に似ている。

1289 **as if …**

まるで…のように（≒as though ...）

He talks **as if** he knew everything about Brazil.

彼はまるでブラジルのことなら何でも知っているかのように話す。

Track 120

1290 **fall down**

倒れる、転ぶ

The lady **fell down** and hit her head.

その婦人は転んで頭を打った。

1291 **throw away**

~を捨てる

He **threw away** most of his old clothes.

彼は古着のほとんどを捨てた。

1292 **in public**

人前で、公然と（⇔in private）

You should not act like that **in public.**

人前でそのような振る舞いをすべきではない。

1293 **for a while**

しばらく（の間）

I have not seen Mike **for a while.**

しばらくマイクと会っていない。

1294 **for now**

今のところ、とりあえず

You can keep this book **for now.**

とりあえずこの本は君が持っていていいよ。

1295 **check out**

チェックアウトする（⇔check in）

Please **check out** by 11 a.m.

午前 11 時までにチェックアウトをお願いします。

1296 **turn in**

~を提出する（≒hand in）

I have to **turn in** this report by Friday.

私は金曜日までにこのレポートを提出しなければならない。

1297 **in return**

お返しに、引き換えに

He helps others without expecting anything **in return**.

彼は見返りに何も期待せずに、他人を助ける。

1298 **decide on ~**

（選択肢から）～に決定する、～を選ぶ

We need to **decide on** the poster design for the school festival.

学園祭のポスターのデザインを決めなければならない。

1299 **drop off**

（乗り物から）〈人〉を降ろす

Please **drop** me **off** at the station.

駅で私を降ろしてください。

1300 **by the end of ~**

～の終わりまでに

We have to finish the project **by the end of** this month.

私たちは今月の終わりまでにプロジェクトを終わらせなければならない。

1301 **by accident**

偶然、誤って（≒by chance）（⇔on purpose）

I dropped my cup **by accident** and it broke.

私は誤ってカップを落として割ってしまった。

1302 **set up**

① 〈組織など〉を設立する（≒establish）
② ～を組み立てる、建てる

They **set up** their own small business.

彼らは自分たちの小さなビジネスを立ち上げた。

1303 **if possible**

できれば

If possible, I'd like to exchange American dollars for Japanese yen.

できれば、アメリカドルを日本円に両替したいのですが。

1304 send out

① (多くの人・場所に) ~を送る、送信する
② ~を派遣する

She **sends out** an email to all of her followers every Friday.

彼女は毎週金曜日にフォロワー全員にメールを送っている。

1305 come to life

活動的になる、活気づく

Emily really **comes to life** when she is singing.

エミリーは、歌っているとき本当に生き生きとしている。

1306 run after ~

~を追いかける

The dog is **running after** the boy.

犬はその少年を追いかけている。

1307 ever since

その後ずっと

They have been working for the company **ever since**.

その後ずっと彼らはその会社で働いている。

1308 be tired of ~

~に飽きている

► ~に動詞がくる場合は *do*ing の形になる。

I am tired of playing this video game.

私はこのテレビゲームをやるのに飽きた。

1309 hope for ~

~を望む、期待する

We all **hope for** the safe birth of your child.

皆、お子さまの無事な誕生を願っています。

1310 in contrast

対照的に

Justin talks a lot. **In contrast,** his sister is very quiet.

ジャスティンはよくしゃべる。対照的に、彼の妹はとても静かだ。

1311 **in a sense**

ある意味では（≒in a way）

► in one sense の形でも使われる。

In a sense, learning a new language gives you access to a whole new world.

ある意味で、新しい言語を学ぶことは、まったく新しい世界へのアクセスを与えてくれる。

1312 **out of date**

時代遅れの、すたれた（⇔up to date）

► 名詞を修飾するときは out-of-date の形。

Her way of thinking is very **out of date**.

彼女の考え方はとても**時代遅れ**だ。

1313 **look up to ~**

~を尊敬する（⇔look down on ~）

Tod **looks up to** the author and wants to be like him someday.

トッドはその作家を**尊敬し**ていて、いつか彼のようになりたいと思っている。

1314 **lose sight of ~**

~を見失う

The situation changed, and we **lost sight of** our original goal.

状況が変わり、私たちは当初の目標を**見失った**。

1315 **in reality**

（ところが）実際は（≒in fact, really）

The math problem seemed very difficult, but **in reality**, it was quite easy.

その数学の問題はとても難しく見えたが、**実際には**とても簡単だった。

1316 **for long**

長い間

I cannot stay in this cold **for long**.

この寒さの中には**長く**はいられない。

1317 **go against**

~に反する

Mary **went against** her father's wishes and moved to Italy.

メアリーは父の望みに**反して**、イタリアに引っ越した。

Track 122

1318 **in pairs**

2つ1組で、対で

These curtains are sold **in pairs.**

これらのカーテンは**2枚1組で**売られている。

1319 **refer to ~**

① ~を参照する ② ~に言及する
名 reference 参照

He **referred to** some websites when he wrote his report.

彼はレポートを書くとき、いくつかのウェブサイトを**参照した**。

1320 **one by one**

1つずつ、1人ずつ

The actors appeared on stage **one by one.**

俳優たちは**1人ずつ**ステージに登場した。

1321 **for nothing**

無料で (≒for free)

I got the concert tickets **for nothing.**

私はコンサートのチケットを**無料で**手に入れた。

1322 **used to *do***

以前は~だった、よく~したものだった
► be used to *do*ing (~することに慣れている) と混同しないように注意。

She **used to** live in France before moving to Brazil.

彼女は、ブラジルに引っ越す前はフランスに**住んでいた**。

1323 **as a result**

結果として、その結果

I did not sleep well, and **as a result,** I got sick.

よく眠れず、**その結果として**私は具合が悪くなった。

1324 **right away**

すぐに (≒at once)

He called his parents **right away** after the baby was born.

赤ちゃんが生まれると**すぐに**、彼は両親に電話した。

1325 **far away**

（遠く）**離れて**

He had to park **far away** from the hotel.

彼はホテルから**離れた**ところに車を止めなければならなかった。

1326 **make sure (that) …**

① **確実に**…するようにする
② …であることを**確かめる**

Make sure that you call me when you get home.

帰宅したら、**必ず**私に電話をしてください。

1327 **be worried about ~**

~について**心配する**
(≒be concerned about ~)

Ann seems to **be worried about** her future.

アンは将来のことについて**心配している**みたいだ。

1328 **that way**

① **そうすれば** ② **あちらへ**

We should save some money. **That way,** we'll be prepared for emergencies.

少しお金を貯めたほうがいい。**そうすれば**いざというときの備えとなるから。

1329 **each other**

お互い(に) (≒one another)

How did you get to know **each other**?

あなたがたはどうやって**互いに**知り合うようになったのですか。

1330 **have trouble *doing***

~するのに**苦労する**

She **has trouble** sleeping during thunderstorms.

雷雨のときは、彼女は**なかなか**眠れ**ない**。

1331 **more and more**

① **ますます多くの~** ② **ますます~**

More and more people are visiting Japan these days.

近年、**ますます多くの**人々が日本を訪れている。

1332 **spend *A doing***

～してAを過ごす
► *A* には時間を表す語句が入る。

She **spends** a long time check**ing** emails every evening.

彼女は毎晩、メールをチェックして長い時間を過ごす。

1333 **do well**

成功する、成績がいい

She **did well** on the final exams.

彼女は期末試験で成績がよかった。

1334 **not only *A* but (also) *B***

AばかりでなくBも

His paintings are popular **not only** in Japan, **but also** all over the world.

彼の絵は日本だけでなく世界中で人気がある。

1335 **spend *A* on *B***

AをBに費やす

I **spend** more than 50 dollars **on** books every month.

私は毎月、本に50ドル以上使う。

1336 **make a mistake**

間違える

She **made** some **mistakes** in her speech.

彼女はスピーチでいくつか間違えた。

1337 **work on ～**

～に取り組む

I've been **working on** my history report for over a week.

私は1週間以上、歴史のレポートに取り組んでいる。

1338 **as soon as …**

…するとすぐに

I will call you **as soon as** I get to the station.

駅に着き次第電話します。

1339 **a number of ~**

いくつかの～、いくつもの～

There are **a number of** solutions to this problem.

この問題にはいくつかの解決策がある。

1340 **in a minute**

すぐに

I will check the mail **in a minute**.

すぐにその郵便物を確認します。

1341 **get lost**

道に迷う

We **got lost** on the way to Linda's house.

リンダの家に行く途中で、私たちは道に迷った。

1342 **these days**

最近、近ごろ

He's working as an engineer **these days**.

最近、彼はエンジニアの仕事をしている。

1343 **so ~ that …**

とても～なので…

The water was **so** clear **that** I could see the bottom of the lake.

水がとても澄んでいたので湖底が見えた。

1344 **a piece of ~**

1つの～、1枚の～

► ～には数えられない名詞が入る。

Do you want to have **a piece of** cake?

ケーキを1ついかが？

1345 **as ~ as possible**

できるだけ～

► as ～ as *A* can とも言い換えられる。

Please answer **as** many questions **as possible**.

できるだけ多くの質問に答えてください。

Track 124

1346 **help *A* with *B***

AのBを手伝う

Could you **help** Kelly **with** her homework?

ケリーの宿題を手伝ってやってくれない?

1347 **in particular**

特に

Is there anything **in particular** that you'd like to drink?

特に何か飲みたいものはありますか。

1348 **show *A* around *B***

AにBを案内する

► show *A* around (Aに辺りを案内する)という表現も覚えておこう。

Sharon **showed** me **around** the village.

シャロンは私に村を案内してくれた。

1349 **either *A* or *B***

AかBか

They are looking for a person who plays **either** the guitar **or** the piano.

彼らはギターかピアノを弾ける人を探している。

1350 **be ready to *do***

~する準備ができている

The hikers **were ready to** start by then.

そのころにはハイカーたちは出発の準備ができていた。

1351 **due to ~**

~のために、~が原因で
(≒because of ~, owing to ~)

Our flight was delayed **due to** the heavy snow.

大雪のため、私たちの乗る便は遅れた。

1352 **have fun**

楽しむ、楽しい時間を過ごす
(≒enjoy *oneself*)

Have fun at the festival, everyone.

皆さま、お祭りをお楽しみください。

1352►

1353 **prepare for ~**

~の準備をする
►「〈食事・書類など〉を準備する」なら prepare（for はつかない）。

They were busy **preparing for** the Christmas party.
彼らはクリスマスパーティーの準備をするのに忙しかった。

1354 **in addition to ~**

~に加えて、~のほかに

In addition to cows, we also have pigs at the farm.
当農場では、牛のほかに豚も飼っています。

1355 **shake hands with ~**

~と握手する
► この場合の hand は必ず複数形になる。

The players **shook hands with** each other before the game.
選手たちは試合前に互いに握手した。

1356 **get on**

〈電車・バスなど〉に乗る（⇔get off）

Don't run to **get on** the train.
駆け込み乗車はおやめください。

1357 **by the time …**

…するときまでに（は）

By the time she gets home, the children are usually asleep.
彼女が家に帰り着くころには、子どもたちはたいてい眠っている。

1358 **break down**

故障する

My car **broke down** on the road.
私の車は路上で故障した。

1359 **some other time**

また別の機会に

Let's go to lunch together **some other time**.
また別の機会に一緒にランチに行こう。

Track 125

1360 **sign up for ~**

~に入会する、申し込む

She wants to **sign up for** the music club.

彼女は音楽クラブに入会したいと思っている。

1361 **be aware of ~**

~に気づいている、~を知っている

► be aware that ...「…ということに気づいている」という表現も覚えておこう。

Nobody **was aware of** the problem then.

その時にはだれも問題に気づいていなかった。

1362 **when it comes to ~**

~のことになると

When it comes to studying foreign languages, there is no easy way.

外国語の学習に関して言えば、簡単な方法など存在しない。

1363 **lead to ~**

~につながる、~を引き起こす

The rapid increase in tourists **led to** several problems in the area.

観光客の急増により、その地域ではいくつかの問題が生じた。

1364 **get together**

〈人が〉集まる

Let's **get together** to celebrate Ray's birthday.

レイの誕生日のお祝いに集まりましょう。

1365 **for a minute**

少しの間、ちょっと

Can you wait **for a minute** while I buy a drink?

飲み物を買う間、ちょっと待ってくれる？

1366 **give *A* a ride**

(乗り物に)Aを乗せてあげる

Alice **gave** her friend **a ride** to the airport.

アリスは友人を空港まで送ってあげた。

1367 **as long as ...**

① …しさえすれば、…する限り
② …する間は（≒while）
► so long as ... とも言う。

You can join us **as long as** you keep quiet.

静かにしているなら参加してもいいですよ。

1368 **go out of business**

倒産する

She was disappointed that her favorite café **went out of business.**

お気に入りのカフェが閉店して彼女はがっかりした。

1369 **cut down**

① 〈木など〉を切り倒す
② ～を減らす、切り詰める

They **cut down** the old trees in the park.

彼らは公園の老木を伐採した。

1370 **get *A* to *do***

A に～させる

The king tried to **get** people **to** obey him.

王は人々を従わせようとした。

1371 **watch out for ~**

～に気をつける、用心する

Watch out for cars when you cross the street.

通りを渡るときは車に気をつけなさい。

1372 **on *one's* own**

独力で、自分だけで

She shot her first short film **on** her **own**.

彼女は独力で初めての短編映画を撮った。

1373 **get out of ~**

〈場所〉から出る；〈乗り物〉から降りる
（⇔get into ～）

Jim paid and **got out of** the taxi.

ジムは料金を払ってタクシーから降りた。

Track 126

1374 **go over**

① ~を検討する、詳しく調べる
② 行く

Grace **went over** the contract before signing it.

グレースは、サインする前に契約書をよく読んだ。

1375 **be unable to *do***

~することができない

He **is unable to** drive a car because his eyesight is bad.

彼は視力が悪いので車を運転できない。

1376 **be sick in bed**

病気で寝ている

William **was sick in bed** for a week.

ウィリアムは1週間病気で寝込んだ。

1377 **not *A* but *B***

AではなくB

This is **not** a mouse, **but** a rat.

これはハツカネズミではなくクマネズミだ。

1378 **be in danger**

危険な状態にある

► put *A* in danger（Aを危険にさらす）という表現も覚えておこう。

If the rain does not stop, the town will **be in danger**.

雨が降りやまなければ、町は**危険な状態に**なるだろう。

1379 **in line**

1列に並んで

► wait in lineで「並んで待つ」という意味。

We had to **wait in line** to get the tickets.

私たちはチケットを入手するために、**並んで待た**なければならなかった。

1380 **than usual**

いつもより

You look more excited **than usual**.

あなたは**いつもより**興奮しているように見えます。

章末Tips ライティングで使える英文パターン②

ここでは、準 2 級のライティングで使える英文パターンをご紹介しましょう。

3

基本例文

If you cook, you **can** learn a lot about food.

料理をすると、食べ物について多くのことを学ぶことができます。

〈If ＋主語 1 ＋動詞 , 主語 2 ＋ can *do* ～〉は「主語 1 が…すれば、主語 2 は～することができる」という意味の構文。上の例のように主語 1 と主語 2 が共通の場合も、異なる場合もあります。

バリエーション

- **If** you have your own car, you **can** go wherever you want, whenever you want.
  自家用車があれば、好きな時に好きな場所へ行くことができます。
- **If** the hospital is closed on the weekend, you **cannot** be seen by a specialist.
  週末に病院が閉まっていたら、専門医に診てもらうことができません。
- **If** you use the Internet, you **can** make your first dishes easily.
  インターネットを使えば、初めての料理も簡単に作ることができます。

4

基本例文

People **are likely to** spend a long time surfing the Internet.

人はネットサーフィンをして長時間を過ごしがちです。

be likely to *do* は「～しやすい、～しがちだ」という意味の表現です。when（～するとき）や without（～がないと）のような語と組み合わせて使うこともできます。

バリエーション

- Children **are likely to** waste time on their smartphones.
  子どもたちはスマートフォンで時間を無駄にしてしまいがちです。
- When you rely on the Internet, you **are** less **likely to** think for yourself.
  インターネットに依存すると、自分で考えなくなりがちです。

Part 3

会話表現

ここでは準2級の筆記大問1や大問2、リスニング第1部、第2部で出題された会話表現を取り上げています。音声に合わせて繰り返し音読することで、スピーキング力アップにもつながります。

1381

A: **Do you mind if I** put my bag here?
B: Not at all.

► 直訳すると「私が〜したら嫌ですか」。答え方にも注意。

A: バッグをここに置いてもよろしいでしょうか。
B: いいですよ。

1382

A: I like this song very much.
B: **So do I.**

► Me, too. もほとんど同じ意味。過去の文なら So did I. となる。

A: この歌、大好き。
B: 私も。

1383

Frankly speaking, I don't think it's a good idea to go out in this weather.

率直に言って、この天気で外出するのはよい考えではないと思います。

1384

A: **Can you do me a favor?**
B: Sure. What do you need?

A: お願いがあるんだけど。
B: もちろん。何をしてほしいの?

1385

What do you think of that band's newest single**?**

あのバンドの最新シングル、どう思う?

1386

It is kind of you to offer to buy me lunch.

ランチをごちそうしてくれるなんて、ありがとう。

1387

The cookies on the plate are for everyone, so please **help yourself**.

お皿の上のクッキーはみんなのなので、自由に取って食べてください。

Track 127

1388 **Would you mind** handing me that phone?

その携帯を取っていただけますか。

► 直訳すると「〜するのは嫌ですか」。

1389 A: I don't know how to change a tire.
B: **Neither do I.**

A: タイヤの取り換え方がわからないんだ。
B: 僕もだよ。

► Me neither. もほとんど同じ意味。過去の文ならNeither did I. となる。

1390 A: How much do you weigh?
B: **That's none of your business.**

A: 体重はどれくらいなの？
B: あなたには関係ないでしょ。

1391 Just **take it easy** until you feel better.

気分がよくなるまでゆっくりしていればいいよ。

► take it easy. は「さようなら」の意味で使われることもある。

1392 **It would be nice if** the weather improved.

天気がよくなるといいんだけど。

1393 A: What do you want for lunch?
B: **Anything will do.**

A: 昼ごはんは何がいい？
B: 何でもいいよ。

1394 A: Why do you think he is so angry?
B: **I have no idea.**

A: なぜ彼はあんなに怒ってるんだと思う？
B: わからないよ。

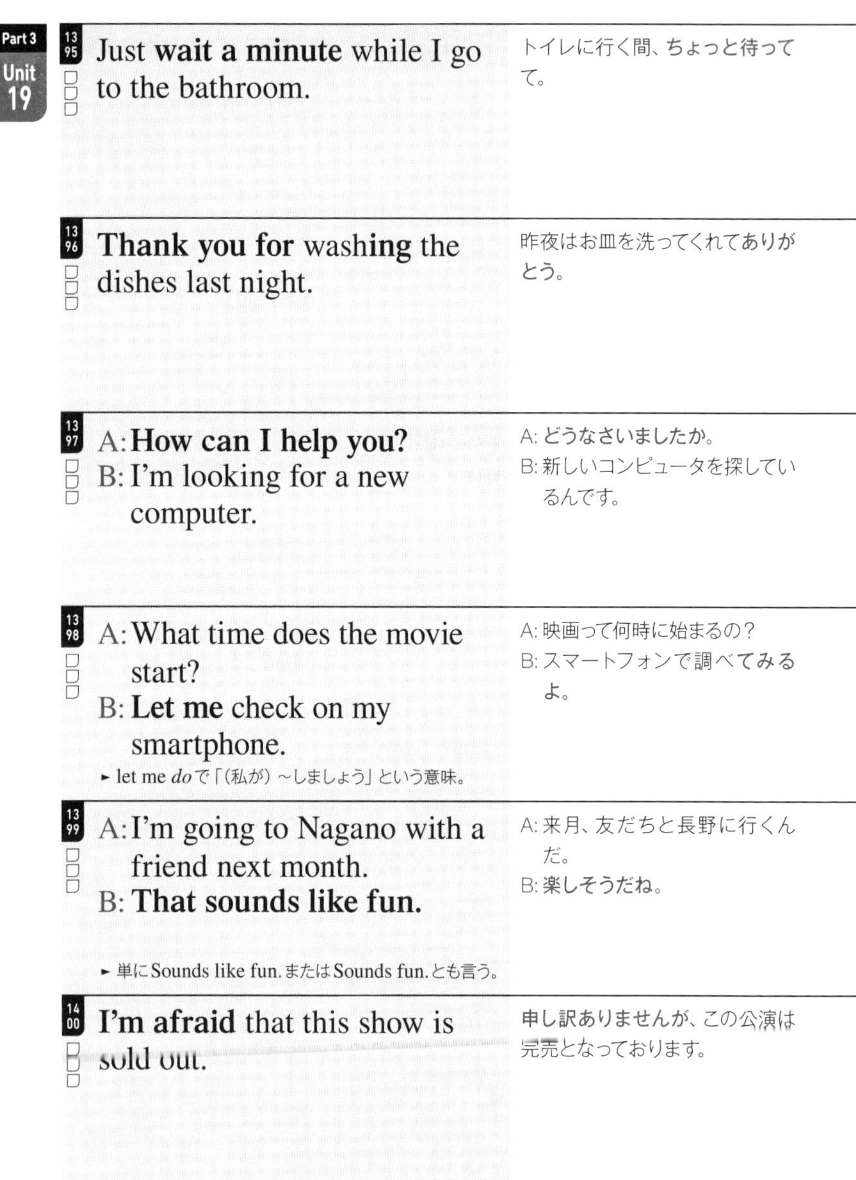

1395 Just **wait a minute** while I go to the bathroom.

トイレに行く間、ちょっと待ってて。

1396 **Thank you for** washing the dishes last night.

昨夜はお皿を洗ってくれてありがとう。

1397 A: **How can I help you?**
B: I'm looking for a new computer.

A: どうなさいましたか。
B: 新しいコンピュータを探しているんです。

1398 A: What time does the movie start?
B: **Let me** check on my smartphone.

► let me *do*で「(私が) ~しましょう」という意味。

A: 映画って何時に始まるの?
B: スマートフォンで調べてみるよ。

1399 A: I'm going to Nagano with a friend next month.
B: **That sounds like fun.**

► 単にSounds like fun.またはSounds fun.とも言う。

A: 来月、友だちと長野に行くんだ。
B: 楽しそうだね。

1400 **I'm afraid** that this show is sold out.

申し訳ありませんが、この公演は完売となっております。

1401 A: Hello. Susan **speaking.**
B: Hi, Susan. This is Ken.

A: もしもし、スーザンです。
B: やあ、スーザン。ケンだよ。

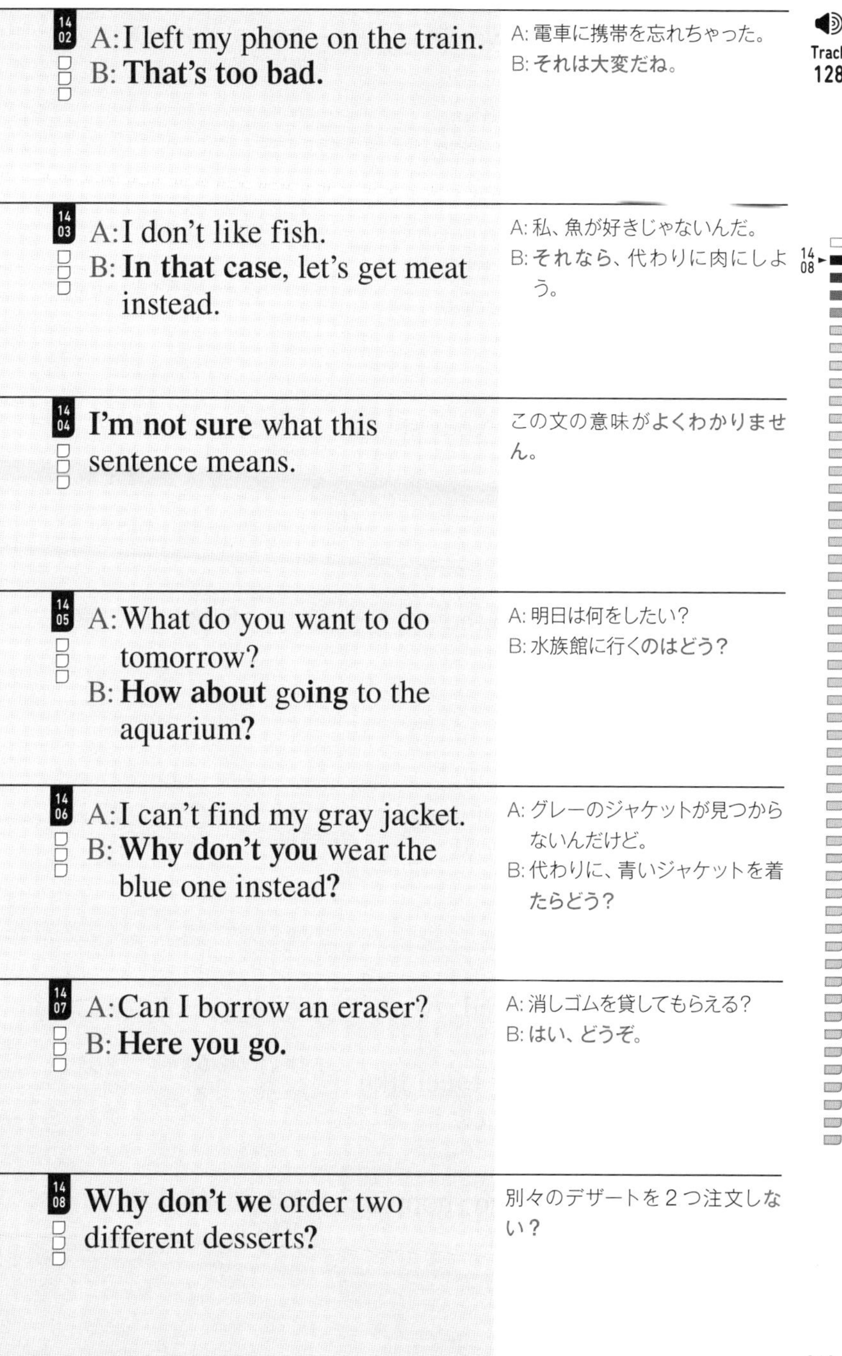

Track 128

14-02
A: I left my phone on the train.
B: **That's too bad.**

A: 電車に携帯を忘れちゃった。
B: それは大変だね。

14-03
A: I don't like fish.
B: **In that case**, let's get meat instead.

A: 私、魚が好きじゃないんだ。
B: それなら、代わりに肉にしよう。

14-04
I'm not sure what this sentence means.

この文の意味がよくわかりません。

14-05
A: What do you want to do tomorrow?
B: **How about** going to the aquarium?

A: 明日は何をしたい?
B: 水族館に行くのはどう?

14-06
A: I can't find my gray jacket.
B: **Why don't you** wear the blue one instead?

A: グレーのジャケットが見つからないんだけど。
B: 代わりに、青いジャケットを着たらどう?

14-07
A: Can I borrow an eraser?
B: **Here you go.**

A: 消しゴムを貸してもらえる?
B: はい、どうぞ。

14-08
Why don't we order two different desserts?

別々のデザートを2つ注文しない?

1409
A: Why don't we have curry for lunch?
B: **That sounds great.**
► great の代わりに good、perfect、lovely などを使うこともある。

A: 昼食にカレーを食べませんか。
B: いいですね。

1410
A: Do you want me to cook dinner tomorrow night?
B: **That would be great.**

A: 明日の夜は、私が夕飯を作ろうか。
B: そうしてもらえると助かるよ。

1411
What happened to your shirt? There's a big hole in it.

そのシャツ、どうしたの？ 大きな穴が空いてるよ。

1412
I wish I could go to the concert.

コンサートに行けたらいいのに。

1413
I was wondering if I could use your car tomorrow.
► 遠回しで丁寧な表現。

明日あなたの車を使わせていただけないかと思いまして。

1414
A: You don't look well. Are you OK?
B: **I'm not sure,** but I feel like I have a slight fever.

A: 調子がよくなさそうだよ。大丈夫？
B: よくわからないけど、少し熱がある気がする。

1415
A: Do you want to go shopping tomorrow?
B: **I'd love to.**

A: 明日、買い物に行かない？
B: 喜んで。

14 16 **What's wrong with the TV?**

テレビ、どうかしたの？

14 17 A: **Guess what!**
B: What?
A: I won the speech contest!

A: ちょっと聞いて！
B: 何？
A: スピーチコンテストで優勝したの。

► 話を切り出すときに使う。

14 18 **I have something to say about** your behavior last night.

昨夜のあなたの行動について話があるんだけど。

14 19 **Attention,** passengers on ABC Airlines Flight 295 to Tokyo.

ABC 航空 295 便東京行きにご搭乗のお客様にお知らせいたします。

14 20 If you need further details, **feel free to** ask.

さらに詳しい情報が必要な場合は、お気軽にお問い合わせください。

14 21 Please **say hello to** Bob for me if you see him.

ボブに会うことがあったらよろしく伝えてください。

14 22 A: You can borrow my coat.
B: **That's very kind of you.**

A: 私のコートを貸してあげますよ。
B: ご親切にありがとうございます。

► That's very nice of you. もほとんど同じ意味。

1423 **To be honest with you,** I don't really like sweets.

正直に言うと、甘いものはあまり好きじゃないんだ。

1424 Let's **go ahead and** book the hotel. We can always cancel it later.

ホテルを予約してしまおう。あとでいつでもキャンセルできるから。

1425 A: I got married last week.
B: **Congratulations!**

A: 先週結婚したんです。
B: おめでとうございます！

1426 A: Hello, is this Mr. Clark?
B: **You have the wrong number.**

A: もしもし、クラークさんですか。
B: 番号をお間違えですよ。

1427 A: It's really hot.
B: **That's why** I told you to wear a T-shirt.

A: 本当に暑い。
B: だからTシャツを着なさいって言ったのに。

1428 **If only** I could move to Paris someday.

いつかパリに引っ越せたらなあ。

1429 A: Hello, Ms. Hill. Is Gina home?
B: Sorry, but she's out now. **May I take a message?**

A: もしもし、ヒルさん。ジーナはいますか。
B: ごめんね、今出かけているの。伝言をうかがいましょうか。

1430 A: **What's wrong?**
B: My stomach hurts.

A: どうしたの？
B: お腹が痛いの。

1431 **To tell you the truth,** I don't want to wear this dress.

実を言うと、このドレスは着たくないの。

1432 A: Can I return this book?
B: **No, I'm afraid not.**

A: この本を返品できますか。
B: 申し訳ありませんが、できません。

1433 A: I'm going to play in tomorrow's soccer game.
B: Great. **Good luck!**

A: 明日サッカーの試合に出るんだ。
B: すごい。頑張ってね。

1434 **Would it be possible to** change to another room?

► 丁寧さには欠けるが、Is it possible to *do* ~? とも言う。

別の部屋に変えていただくことはできますか。

1435 **You might want to** go home early if you feel sick.

気分が悪いのなら、早く家に帰ったほうがいいかもしれませんよ。

1436 A: **Long time no see.**
B: I know! It's been so long.

A: お久しぶりです。
B: そうですね！ 本当にお久しぶりです。

14 37

A: My dog died last night.
B: **I'm sorry to hear that.**

A: 昨夜、犬が死んじゃったんだ。
B: **それはお気の毒に。**

14 38

A: How about this black sweater? It's on sale.
B: **I'll take it.**

A: こちらの黒いセーターはいかがですか。ただ今セール中です。
B: **それをいただきます。**

14 39

A: Where should we go for dinner?
B: **It's up to you.** What would you like to eat?

A: 夕食はどこに食べに行く?
B: **任せるよ。**何が食べたい?

14 40

A: My sister had a baby yesterday. It was a girl!
B: Congratulations! **I bet** she's cute.

A: 昨日、姉に子どもが生まれたんだ。女の子だよ!
B: おめでとう! **きっと**かわいい**でしょうね。**

14 41

A: I liked your performance very much.
B: Thank you. **That's good to hear.**

A: 君の演奏、とてもよかったよ。
B: ありがとう。**それを聞いてうれしいわ。**

14 42

A: Hello.
B: Hi. **This is** Alice **calling.** Is Tom home?

A: もしもし。
B: もしもし。アリスです。トムはいますか。

14 43

A: **What's the matter?**
B: I got some bad news from my mother.

A: **どうしたの?**
B: 母から悪い知らせがあったんだ。

Track 131

1444 A: You've read all her books? You must be a big fan.
B: Yeah, **I guess so.**

A: 彼女の本を全部読んだの？ 大ファンなんだね。
B: うん、**まあね。**

1445 **I'd prefer it if** you smoked outside.

外でたばこを吸って**もらえるとありがたいのですが。**

1446 A: How much is a single room?
B: **It depends.** When are you planning to stay?

A: シングルルームはおいくらですか。
B: **場合によります。**いつ滞在のご予定ですか。

1447 A: I'd like to check out please.
B: Sure. **May I have your name** and room number, please?

A: チェックアウトをお願いします。
B: かしこまりました。**お名前**とお部屋の番号**を頂戴できますか。**

1448 A: This photo of the sunset is really beautiful.
B: **It sure is.**

A: この夕日の写真、とてもきれいだね。
B: **本当にそうだね。**

1449 Hello. This is Melissa White. **May I speak to** Mr. Keyes, please?

もしもし。メリッサ·ホワイトです。キーズさん**をお願いできますか。**

1450 **It's time to** stop playing that video game and start studying.

► It's time for ～. (～の時間だ) という表現も覚えておこう。

テレビゲームをやめて勉強を始め**る時間だよ。**

索引

この索引には、本書で取り上げた約2,360の単語と熟語、会話表現がアルファベット順に掲載されています。数字はページ番号を示しています。薄い数字は、語句が類義語や反意語、派生関係の語、語注やミニコラムで取り上げた語として収録されていることを表しています。

単語

A

B

D

E

I

J

K

O

P

Q

R

S

T

U

V

W

Y

熟語

A

B

C

D

E

F

G

H

I

K

L

M

N

O

P

R

S

T

U

V

W

会話表現

A

C

D

F

G

H

I

L

M

N

S

T

W

Y

［編者紹介］

ロゴポート

語学書を中心に企画・制作を行っている編集者ネットワーク。編集者、翻訳者、ネイティブスピーカーなどから成る。おもな編著に『英語を英語で理解する 英英英単語® 初級編／中級編／上級編／超上級編』、『英語を英語で理解する 英英英単語® TOEIC® L&R テスト スコア 800 ／ 990』、『中学英語で読んでみる イラスト英英英単語®』、『英語を英語で理解する 英英英熟語 初級編／中級編』、『出る順で最短合格！ 英検®1 級／準 1 級／ 2 級単熟語 EX［第 2 版］』『最短合格！ 英検®1 級／準 1 級 英作文問題完全制覇』、『最短合格！ 英検® 2 級 英作文&面接 完全制覇』、『最短合格！ 英検® 準 2 級／ 3 級ライティング完全制覇』、『出る順で最短合格！ 英検®1 級／準 1 級 語彙問題完全制覇［改訂版］』（ジャパンタイムズ出版）、『TOEFL® テスト 英語の基本』（アスク出版）、『だれでも正しい音が出せる 英語発音記号「超」入門』（テイエス企画）、『分野別 IELTS 英単語』（オープンゲート）などがある。

カバー・本文デザイン／ DTP 組版：清水裕久（Pesco Paint）
校正：大塚智美
イラスト：こつじゆい
ナレーション：Jack Merluzzi（米）／ Rachel Walzer（米）／田中舞依
録音・編集：ELEC 録音スタジオ

本書のご感想をお寄せください。
https://jtpublishing.co.jp/contact/comment/

出る順で最短合格！
英検® 準 2 級単熟語 EX［第 2 版］

2023 年12月 5 日　初版発行
2024 年 9 月20日　第 2 刷発行

編　者　ジャパンタイムズ出版 英語出版編集部 &ロゴポート

発行者　伊藤秀樹
発行所　株式会社 ジャパンタイムズ出版
〒 102-0082 東京都千代田区一番町 2-2 一番町第二 TG ビル 2F
ウェブサイト　https://jtpublishing.co.jp/
印刷所　日経印刷株式会社

本書の内容に関するお問い合わせは、上記ウェブサイトまたは郵便でお受けいたします。
定価はカバーに表示してあります。
万一、乱丁落丁のある場合は、送料当社負担でお取り替えいたします。
（株）ジャパンタイムズ出版・出版営業部あてにお送りください。

Printed in Japan　ISBN 978-4-7890-1852-4